Sabine Seyffert
Bald schon kommt der Sandmann

Sabine Seyffert

Bald schon kommt der Sandmann

Das Einschlafbuch

Mit Ritualen, Spielen, Geschichten & Massagen
zum Einschlafen und Träumen

Kösel

Illustrationen: Seite 3, 13, 31, 48, 67, 71, 98, 102, 135 und
alle Elemente daraus von **Britta Waldmann**
Weitere Illustrationen: © Südwest Verlag / Susanna Grigoletto

Verlagsgruppe Random House FSC-DEU-0100
Das für dieses Buch verwendete FSC®-zertifizierte Papier
Artist Silk liefert Sappi, Ehingen.

Copyright © 2010 Kösel-Verlag, München,
in der Verlagsgruppe Random House GmbH
Umschlag: Elisabeth Petersen, München
Umschlagmotive: diboo/iStockphoto (U1), Südwest Verlag, Susanna Grigoletto (U4)
Druck und Bindung: Polygraf Print, Presov
Printed in the Slovak Republic
ISBN 978-3-466-30860-6

Weitere Informationen zu diesem Buch und unserem
gesamten lieferbaren Programm finden Sie unter
www.koesel.de

Inhalt

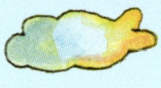

Vorwort

Liebe Eltern,

in dem Ihnen vorliegenden Buch finden Sie zahlreiche Ideen rund um das Thema »Schlafen«. Angefangen bei Spielideen am frühen Abend, Bewegungsgeschichten, die für einen gesunden Ausgleich sorgen, Tipps für das Zubettgehen, wohltuenden Massagen bis hin zu Fantasiereisen, die den Kindern beim Entspannen und Einschlafen helfen werden.

Nichts zerrt so an den Kräften wie schlaflose Nächte. Zieht sich das Zubettgehen ins Endlose, liegen die Nerven ebenfalls bald blank.

Als Entspannungspädagogin und Mutter von vier Kindern weiß ich nur allzu gut, wie wichtig es ist, einen harmonischen Tagesausklang zu finden, der für einen gesunden Schlaf sorgt.

Somit habe ich ganz bewusst nicht nur Entspannungsgeschichten zum Einschlafen geschrieben, sondern auch weitere Aspekte berücksichtigt, die den Kindern beim Zubettgehen helfen. Zudem ist jedes Kind eine eigene Persönlichkeit mit individuellen Vorlieben. Der eine mag Massagen und kann dabei wunderbar entspannen. Ein anderes Kind benötigt erst einmal etwas Bewegung, um zur Ruhe zu kommen. Und wiederum einem anderen Kind tut eine gemeinsame Aktivität und entsprechende Aufmerksamkeit gut, weil es sich auf diese Weise geborgen fühlt und sich somit schneller vom Tag »verabschieden« kann.

Die aufgeführten Spiele, Ideen, Übungen und Geschichten sind kein Allheilmittel. Dennoch bieten sie den Kindern ein recht breit gefächertes Angebot. Probieren Sie einfach aus, was Ihrem Kind guttut und zu Ihrem Familienleben und dessen abendlichen Rhythmus passt. Wichtig dabei ist nur, dass Sie selbst Ruhe in den Abend bringen und sich ausreichend Zeit nehmen. Das wird sich nämlich auch positiv auf Ihr Kind auswirken.

Die Texte, die sich direkt an Sie als Erwachsene richten und Ihnen Schritt für Schritt erklären, wie Sie die Übungen und Geschichten umsetzen, sind vom Text der Erzählungen für das Kind in Blau abgehoben. So können Sie sich gut in den Übungen zurechtfinden.

Manche Techniken oder Übungsarten tauchen im Buch immer mal wieder auf. Sie haben sich in meiner Arbeit als Entspannungspädagogin sehr bewährt und kommen auch bei den Kindern gut an.

Am Ende des Buches finden Sie noch allgemeine Tipps, wie Sie das Einschlafen gestalten können und es für alle angenehm wird.

Ich wünsche allen Kindern und Ihnen als Eltern zauberhafte Träume und eine gute Nacht!

Abendliche Grüße mit viel Sternenglanz
Ihre
Sabine Seyffert

Mitmachgeschichten zum Bewegen und Entspannen

Manche Kinder haben einen recht ausgeprägten Bewegungs-drang und einige finden eher durch Aktivität zur Ruhe. Zudem verfügen gerade jüngere Kinder noch über keinerlei Erfahrung mit Stilleübungen oder gar Fantasiereisen. Man muss sie also erst langsam an die Entspannung heranführen – und das geht am besten durch Bewegung!

Damit sind jedoch keine turbulenten Aktivitäten gemeint, die die Kinder zu guter Letzt noch mehr »aufdrehen« und über-reizen, sondern eher gelenkte Bewegungen, die allmählich zur Ruhe führen und den Kindern auch etwas Raum für eigene Ideen und Fantasien lassen, sie also nicht durch zu strenge Vorgaben einengen.

Die sogenannten Mitmachgeschichten sind so aufgebaut, dass man jederzeit Ideen der Kinder einbauen und umsetzen kann. Die Handlung kann beliebig gekürzt werden, wenn die Kinder nicht genug Ausdauer haben, aber ebenso erweitert werden, wenn man merkt, dass sie die Geschichte genießen und Gefallen an ihr finden.

Jede Mitmachgeschichte ist so konzipiert, dass die Kinder durch die Bewegungseinheit am Ende in eine Ruhephase gelangen, die ihnen hilft, neue Kraft zu tanken und ein wenig abzuschalten. Je mehr Übung die Kinder darin haben, desto besser klappt es im Anschluss, eine Fantasiereise folgen zu lassen, in der die Kinder dann wirklich vollkommen abschalten und ganz tief entspannen können. Dies ist natürlich gerade zum Einschlafen und am Abend ideal!

Natürlich geben die Erwachsenen den Kindern nicht einfach Anweisungen, wie sie etwas zu tun haben, sondern sie machen es einfach ganz aktiv vor. Sie werden sehen: So macht es nicht nur den Kindern richtig Spaß!

Kleiner Tipp

Diese Mitmachgeschichten eignen sich auch sehr gut für mehrere Kinder, weil es dann noch lebendiger wird. Ob im Kindergarten, Schule, Spielgruppe oder beim Turnen. Selbst auf einem Kindergeburtstag sind solche Bewegungsgeschichten bestens geeignet, um die Kinderschar zwischendurch immer wieder zur Ruhe zu bringen.

Vielleicht wecken diese Mitmachgeschichten zum Bewegen und Entspannen sogar so viel Fantasie in den Kindern und Ihnen, dass Sie selbst gemeinsam neue Bewegungseinheiten ausdenken und ausprobieren. Viel Freude und gutes Gelingen!

Im Zoo ist was los!

Heute gehen wir in den Zoo ...

Gemeinsam gehen alle kreuz und quer durch den Raum.

Als Erstes gehen wir zu den Elefanten. Die Elefanten winken uns schon mit ihrem grauen, langen Rüssel freundlich zu.

Alle versuchen sich wie große, schwere Elefanten zu bewegen und mit den Armen einen Rüssel darzustellen: Eine Hand fasst an die Nase und den anderen Arm steckt man als »Rüssel« hindurch.

Gleich neben den Elefanten sind die Schlangen. Die sind träge und schlängeln sich langsam durch den Sand ...

> *Alle, die mitspielen, stellen sich in eine lange Reihe, fassen sich an den Schultern und gehen so als lange Schlange im Raum umher.*

Wir gehen zum nächsten Zoogehege. Dabei sind wir ganz vergnügt und freuen uns ...

> *Jeder geht wieder alleine im Raum umher. Wer Lust hat, kann beim Gehen hopsen.*

Schaut mal, dort drüben, da ist das Vogelhaus. Darin gibt es eine große Fluganlage, in der die bunten Vögel herumfliegen und flattern dürfen. Zwischen lauter grünen Ästen und Zweigen. Wie bunt die Federkleider aussehen. Und wie schön das Zwitschern klingt ...

> *Alle breiten ihre Arme aus und »fliegen« im Raum umher. Dabei darf jeder versuchen, so elegant wie ein Vogel auszusehen. Manche Vögel putzen vielleicht auch ihr »Federkleid«, damit es noch bunter glänzt, oder picken hier und da etwas auf. Wer möchte, kann ganz leise dabei zwitschern oder pfeifen.*

Gleich neben dem Vogelhaus hört man schon den Löwen. Stolz läuft er im Gehege herum und brüllt aus Leibeskräften …

Nun bewegen sich alle wie ein Löwe und stolzieren durch den Raum. Besonders Spaß macht es den Kindern, wenn sie wirklich mal alles »rauslassen« dürfen, indem sie lauthals brüllen und fauchen. Vielleicht mögen sich zwei Löwen auch mal auf einem Berg Kissen balgen.

Der Löwe ist uns heute viel zu laut. Wie wäre es, wenn wir dem Känguru mal einen Besuch abstatten? Dann nichts wie los! Das Känguru versteckt sich hinter einem Busch, aber als es uns sieht, hüpft es in eleganten Kängurusprüngen durch das Gelände: Hopp … Hopp … Hopp …

Alle sind nun »Kängurus« und springen in Riesensätzen durch den Raum. Das macht nicht nur Spaß und tut dem kindlichen Bewegungsdrang gut, sondern löst Spannungen, indem man sich beim Springen ganz streckt und nach oben reckt.

Zum Schluss kommen wir noch am Bärengehege vorbei. Der Bär mit seinem zotteligen Fell liegt auf einem umgekippten Baumstumpf und sonnt sich. Ach, die Sonne tut gut. So faulenzt der Bär vor sich hin und lässt sich die Sonnenstrahlen auf den Pelz scheinen ... Ganz ruhig und entspannt liegt er da ... Seine Bärentatzen sind schwer, ganz schwer ... Ganz schwer liegt der Bär da und spürt die Strahlen der Sonne, die ihn angenehm wärmen ... Wunderbar warm fühlen sich die Arme und Beine des Bären an ... Immer mehr Wärme strömt durch den Bärenkörper hindurch und lässt ihn ganz tief entspannen ... Schlaf gut, lieber Bär, und schöne Träume ...

Die Kinder suchen sich einen Platz im Zimmer (dies kann auch direkt das Bett sein!) und legen sich hin. Am besten schließen sie dabei die Augen und lauschen nur noch dem erzählten Text, um wirklich zur Ruhe zu finden und besser entspannen zu können!

Kleiner Tipp

Wenn Sie diese Mitmachgeschichte mit mehreren Kindern gleichzeitig durchführen, lassen Sie doch einfach jedes Kind sein »Lieblingstier« im Zoo besuchen, das dann alle versuchen nachzumachen! Hierbei dürfen Sie ganz kreativ ans Werk gehen, nur zum Schluss sollte ein »ruhiger« Abschluss folgen, bei dem die Kinder entspannen und zur Ruhe kommen sollen.

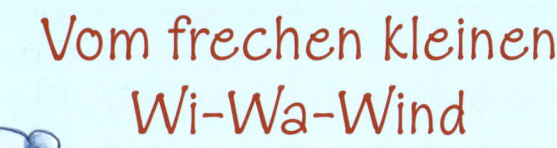

Vom frechen kleinen Wi-Wa-Wind

Stell dir mal vor, du bist ein kleiner Wind. Du liegst in deinem Wolkenbett. Ganz ruhig und entspannt ...

> *Das Kind legt sich im Zimmer auf den Boden. Wenn mehrere Kinder mitmachen, sollten sie sich gleichmäßig verteilen, sodass jeder genug Platz um sich herum hat.*

Da wirst du wach. Du gähnst mehrmals herzhaft ...

> *Alle dürfen tief ein- und ausatmen und danach laut gähnen, das befreit und entspannt!*

Um auch die letzte Müdigkeit loszuwerden, reckst und streckst du dich ausgiebig ...

> *Das Kind setzt sich langsam auf, reckt und streckt sich. Dabei kann es sich so groß machen wie ein »Riese«, die Beine ausschütteln, die Arme ausschütteln, hopsen und alles tun, um richtig wach zu werden.*

Du bist nun richtig wach und hast heute lauter Flausen im Kopf! Vor lauter Freude saust du kleiner, frecher Wind munter umher ...

Das Kind darf sich schnell im Raum bewegen. Falls mehrere Kinder mitmachen, weisen Sie sie darauf hin, dass sie sich gegenseitig nicht berühren dürfen.

Du hast heute so viel Kraft in dir – du bläst aus vollen Backen, damit die Wolken am Himmel schnell vorbeiziehen ...

Das Kind darf kräftig ein- und ausatmen und pusten, so viel es kann. Wer mag, kann dabei auch Geräusche machen und den Wind auf diese Weise säuseln, rasseln, sausen lassen ...

Voller Übermut fliegst du zur Kirchturmspitze und kitzelst den Wetterhahn an der Nase ...

Das Kind und Sie dürfen sich an den Nasen kitzeln, spielen mehrere Kinder, darf jeder den anderen an der Nase kitzeln.

Anschließend pustest du so heftig, dass sich der Wetterhahn auf der Kirchturmspitze ganz schnell im Kreis dreht ...

> *Das Kind dreht sich vergnügt im Kreis. Aber bitte nur so, dass keinem dabei schwindelig wird. Lieber etwas größere Kreise im Raum drehen!*

Langsam spürst du, dass deine Kraft nachlässt und du müde wirst ...

> *Das Kind darf sich noch im Raum bewegen, aber deutlich langsamer als zuvor!*

Immer größer wird die Müdigkeit in dir. Du freust dich auf dein Himmelbett und schwebst geradewegs darauf zu, um dort zu landen ...

> *Das Kind »fliegt« zu seinem Bett und macht es sich darin gemütlich. Wenn mehrere Kinder mitspielen, suchen sie sich einen Platz im Raum (vielleicht auf ausgelegten Matten oder Decken) und machen es sich dort bequem.*

Puh, war das vielleicht anstrengend ... Ganz ruhig und entspannt liegst du da ... Du merkst, wie schwer dein Körper vom vielen Fliegen und Pusten geworden ist ... Besonders deutlich spürst du die Schwere in deinen Armen und Beinen ... Schwer, ganz schwer fühlen sich deine Arme und Beine nun an ... Und dein warmes Himmelbett hält dich nun ganz warm und geborgen ... Du spürst, wie die Wärme durch deine Arme und Beine hindurchströmt ... Beide Arme und Beine sind warm ... Ganz warm fühlen sich deine Arme und Beine an ... Ja, dein ganzer Körper ist nun rundum warm ... Rundum entspannt und glücklich liegst du da ... Und irgendwann fallen dir die Augen zu und du beginnst zu träumen ...

Das Kind legt sich am besten auf den Rücken und folgt der Erzählung mit geschlossenen Augen, um besser abschalten und entspannen zu können.

Der kleine Hase Rötte

Stell dir vor, du bist der kleine Hase Rötte. Du hast ein strubbeliges Fell und lange Schlappohren. So liegst du in deinem gemütlichen Hasenbau, bis dich die Sonne weckt ...

*Das Kind liegt im Raum und macht sich ganz klein.
Sie können die Hände fest aneinander reiben und wenn
diese schön warm sind, dem Kind auf den Körper legen.
So kann das Kind die »Sonne« gut spüren.*

Habe ich aber lang geschlafen, denkst du, reibst dir den Schlaf
aus den Augen und blinzelst ...

*Mit den Händen massiert man sich sanft die Augen.
Danach kann man mit den Augen blinzeln und mit den
Wimpern klimpern.*

Irgendwie bist du immer noch müde. Du gehst zu deinem Bett
aus Moos und schubbelst dein Fell daran, um richtig wach zu
werden.

*Mit der rechten Hand darf man den linken Arm von der
Schulter bis zur Hand kräftig abrubbeln. Anschließend
wiederholt man dies mit der linken Hand am rechten
Arm.*

Nun bist du wach und hoppelst vergnügt durchs grüne Gras. Springst mal hier und mal dorthin, schlägst einen Haken und freust dich über das gute Wetter ...

Das Kind hüpft nun wie ein Hase kreuz und quer durchs Zimmer.

Schau mal Rötte, dort liegt ein Baumstamm. Darauf kannst du balancieren!

Das Kind macht einen großen Sprung und hoppelt dann auf einer »Linie« ein Stück geradeaus.

Dort drüben ist ein Bach. Der Bach ist nur ganz schmal und so hüpft Rötte im Zickzack über das fließende Wasser ...

Das Kind hüpft in Zickzack-Linien.

Langsam wird es Abend. Müde hüpft Rötte zu seinem Hasenbau zurück und kuschelt sich dort hinein ...

Das Kind hüpft zu seinem Bett, schlüpft hinein und deckt sich zu.

Ganz ruhig und entspannt liegst du nun in deinem warmen Bett aus weichem Moos ... Du merkst, wie schwer sich dein Körper anfühlt ... Besonders schwer sind deine Arme und Beine vom vielen Herumhoppeln und Springen ... Ganz schwer fühlen sich deine Arme und Beine an ... Und deine Decke wärmt dich ... Dabei spürst du eine angenehme Wärme in deinen Armen und Beinen ... Beide Arme und Beine sind warm ... Strömend warm sind deine Arme und Beine ... Bis du die Wärme in deinem ganzen Körper spüren kannst ... Und du schläfst glücklich, zufrieden und ganz entspannt ein ... Schlaf gut, Rötte ...

Sie können dem Kind als Abschluss über den Kopf streicheln oder einen Moment lang den Rücken massieren.

Wenn die Sonne schlafen geht ...

Stell dir mal vor, du bist die Sonne ... Wie ein goldener Ball stehst du hoch oben am Himmel und schickst deine warmen Strahlen hinunter zur Erde ...

Das Kind reibt sich mit der rechten Hand den gesamten linken Arm kräftig, sodass dieser warm wird. Im Anschluss wird mit der linken Hand der rechte Arm kräftig gestrichen, bis auch dieser ganz warm ist.

Mit deinen langen Sonnenstrahlen scheinst du überall hin ...

Das Kind bewegt die Arme in ruhigen, gleitenden Bewegungen in alle Richtungen.

Mit dem Tag beginnst du am Himmel zu wandern ...

Das Kind setzt sich langsam in Bewegung und kann dabei weiter mit den »Sonnenstrahlen«-Armen tanzen.

Du ziehst am strahlend blauen Himmel entlang und freust dich, dass heute so ein schöner Tag ist. Dabei tanzt du fröhlich umher ...

Das Kind darf in mäßigem Tempo tanzen und sich drehen.

Auch deine Sonnenstrahlen tanzen und hüpfen fröhlich mit ...

Das Kind darf die Beine »tanzen« lassen und kann sie auf diese Weise sanft ausschütteln. Dasselbe passiert mit beiden Armen.

Ach, wie schön das ist! Das macht richtig Spaß. So ziehst du ganz vergnügt weiter deines Weges ...

Das Kind darf im »Hopserlauf« durch das Zimmer hüpfen und so den Weg der Sonne darstellen.

Langsam, aber sicher, neigt sich der Tag nun dem Ende zu. Auch die Sonne wird langsamer ...

Das Kind bewegt sich nun langsamer.

Langsamer und noch langsamer ...

Immer ruhiger werden.

Dann kommt die Sonne an ihr gelbes Bett und schlüpft müde unter ihre Decke ...

Das Kind geht ins Bett und kuschelt sich tief in Kissen und Decke, bis es ganz gemütlich liegt.

Ganz ruhig und entspannt ist die Sonne nun … Ganz ruhig liegt sie da … Ihre Sonnenstrahlen sind ganz schwer … Auch deine Arme und Beine sind mit einem Mal ganz schwer … Du kannst die Schwere ganz deutlich in deinen Armen und Beinen spüren … Dein ganzer Körper ist schwer und entspannt … Und dann spürst du die strömende Wärme in dir … Wie gut das tut … Die Wärme fließt durch deine Arme und Beine … Beide Arme und Beine sind warm, ganz warm … Du fühlst dich rundum warm und geborgen … Ganz ruhig und entspannt bist du nun … Bis du schließlich einschläfst …

Sie können dabei Ihre Hände schnell und fest aneinanderreiben und auf diese Weise die gewärmten Handflächen ruhend auf den Körper des Kindes legen. Sobald die Wärme nachlässt, reiben Sie die Hände erneut und legen sie an einer anderen Körperstelle auf. Ganz wie es das Kind mag und wie es ihm gefällt.

Ach, wie bin ich müde ...

Morgens, nachdem du aufgestanden bist, warst du so müde, dass du dich erst einmal richtig wach machen musstest. Zuerst die Augen ...

Mit den Fingern »vorsichtig« die Augen massieren.

Dann die Nase ...

Mit den Fingern beider Hände vom Nasenbein an nach unten streichen. Immer wieder von oben nach unten.

Die Wangen ...

Mit den lockeren Fäusten die Wangen beklopfen.

Den Mund ...

Mit der Hand über den Mund fahren. Dies mehrmals wiederholen.

Die Ohren ...

Die Ohren seitlich massieren und ausstreichen. Von oben beginnend bis zum Ohrläppchen abwärts bearbeiten.

Die Schultern …

Mit der rechten Hand die linke Schulter bis zum Arm hinunter klopfen, um den Arm zu wecken. Dann mit der linken Hand die rechte Schulter bis zur Hand hinunter.

Den Brustkorb …

Mit den flachen Händen sachte den Brustbereich abklopfen.

Den Bauch …

Mit der flachen Hand im Uhrzeigersinn um den Bauchnabel kreisend massieren.

Die Beine …

Mit beiden Händen die Beine »beklopfen«.

Die Füße …

Mit den Füßen kräftig stampfen und zum Abschluss ein paar Mal hüpfen.

Den Po …

> *Mit den Händen hinter sich greifen und den Po beklopfen.*
> *Das macht den Kindern besonders viel Spaß und hier tut*
> *das Klopfen, auch wenn es etwas fester ist, nicht weh!*

Nochmals alles kräftig durchschütteln, damit auch wirklich alle
Müdigkeit verschwindet …

> *Nacheinander den Kopf, Schultern, Arme, Bauch, Po,*
> *Beine und Füße ausschütteln.*

Oje – das Wecken war so anstrengend, da musst du dich gleich
wieder ausruhen …

> *Mehrmals laut gähnen und sich einen Platz im Raum*
> *suchen (oder ins Bett legen, wenn das Kind im Anschluss*
> *sofort schlafen soll).*

Ganz ruhig und entspannt liegst du nun da ... Dein Körper fühlt sich müde und schwer an ... Besonders gut nimmst du die Schwere in deinen Armen und Beinen wahr ... Ganz schwer sind deine Arme und Beine ... Beide Arme und Beine sind schwer ... Und nun spürst du eine wohltuende Wärme in dir ... Deine Arme und Beine sind warm ... Ganz warm sind deine Arme und Beine ... Spüre doch mal, wie die Wärme in deinen Armen und Beinen fließt ... Wohlig warm und ganz entspannt liegst du da ... Bis du schließlich einschläfst und beginnst zu träumen ...

Soll Ihr Kind nicht unmittelbar nach der Mitmachge-schichte schlafen, lassen Sie es am besten eine Zeit lang in der Entspannung, um die Ruhe zu genießen und dabei neue Kraft zu tanken.

Sternentanz und Lichterglanz

Stell dir vor, du bist ein kleiner Stern ... Du liegst warm und wohlig in deinem Himmelbett. Eine weiße Schäfchenwolke deckt dich zu.

Das Kind liegt am Boden und hat die Augen geschlossen, um sich das Erzählte besser vorstellen zu können.

Der Tag neigt sich dem Ende zu und die Sonne ist längst am Horizont untergegangen. Langsam steigt der gute alte Mond am Himmel empor und auch für dich wird es nun Zeit aufzustehen und sich auf den Weg zu machen ...

Ganz langsam (!) steht das Kind nun auf.

Doch du musst erst einmal richtig wach werden …

Das Kind darf laut gähnen, sich den »Schlaf« aus den Augen reiben, seine Arme ganz weit nach oben recken und auch die Beine ausgiebig nach allen Seiten strecken.

Jetzt bist du wach und die Sonne ist im Bett verschwunden. Du machst dich auf den Weg, um dem guten, alten Mond Gesellschaft zu leisten …

Langsam und in gemäßigtem Tempo bewegt sich das Kind durch den Raum.

Neugierig schaust du dich um, was es heute Abend von hier oben zu sehen gibt …

Das Kind schaut hier und da in Richtung Boden, »leuchtet« neugierig in die Ecken des Raumes.

Viele andere Sterne leuchten heute Abend am Himmel. Ihr helles Licht glitzert und funkelt. Gemeinsam tanzt ihr am Himmel einen Sternentanz …

Das Kind beginnt frei zu tanzen, darf sich dabei drehen und kreisen. Wenn mehrere Kinder mitmachen, können Sie weitere Impulse geben, wie beispielsweise: Jetzt tanzen immer zwei Sterne zusammen, jetzt bilden alle Sterne eine lange Kette usw.

Ach, wie schön das aussieht und wie viel Spaß das macht! Dir wird dabei ganz warm ums Herz …

Das Kind reibt seine Hände schnell und fest aneinander und legt sie sich dann auf eine beliebige Stelle seines Körpers. Das kann mehrmals wiederholt werden. Während des Händereibens bewegt sich das Kind weiter im Raum umher, beim Auflegen der Hände und Erspüren der Wärme sollte es stehen bleiben und die Augen kurz schließen, um die Wärme intensiver zu erfahren.

Doch nun ist es auch für die Sterne allerhöchste Zeit fürs Bett ...
Alle kleinen und großen Sterne verabschieden sich voneinander und nehmen sich liebevoll in den Arm ...

Alle »Mitspieler« dürfen sich gegenseitig in den Arm nehmen. Spielen Sie nur innerhalb der Familie, können Sie sich dabei auch einen Gutenachtkuss geben.

Müde und glücklich kuschelt sich der Stern wieder in sein Bett ...

Das Kind geht ins Bett und deckt sich zu.

Ganz ruhig und entspannt liegst du kleiner Stern nun in deinem gemütlichen Bett … Deine Arme und Beine sind vom Sternentanz ganz schwer geworden … Ganz deutlich spürst du die Schwere in deinen Armen und Beinen … Beide Arme und Beine sind schwer, ganz schwer … Und deine kleine Schäfchenwolke, unter der du liegst, hält dich ganz warm und geborgen … Du merkst, wie die wohltuende Wärme durch deine Arme und Beine fließt … Beide Arme und Beine sind warm … Ganz warm sind deine Arme und Beine nun … Dein ganzer Körper ist strömend warm und die Wärme lässt dich ganz tief entspannen …

So kommt der Sandmann auf leisen Sohlen und streut dir etwas von dem Sternensand ins Ohr … Schlaf gut und träum was Schönes …

Auch wenn das Kind im Anschluss nicht schlafen soll, planen Sie bitte dennoch eine Ruhephase ein, damit das Kind die Entspannung genießen und dabei neue Kraft tanken kann.

Flüstergeschichten zum Einschlafen

Flüstergeschichten sind ein toller »Abschied« vom Tag und mal etwas anderes als die üblichen Gutenachtgeschichten aus Büchern. Das Kind kann dabei prima auf dem Schoß sitzen und bekommt auf diese Weise noch mal eine »Extraportion« Kuscheleinheit. Die Flüstergeschichte wird natürlich nicht normal gesprochen, sondern ganz leise, damit Ruhe einkehrt. Die Berührungen verstärken dies noch zusätzlich. Eine wundervolle Art, dem Kind »Gute Nacht« zu wünschen!

Vom kleinen Pony

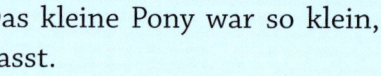

Es war einmal ein kleines Pony.
Das kleine Pony war so klein, dass es in deine Hand hinein-
passt.
Kannst du sein weiches Fell fühlen?

> *Streicheln Sie mit dem Daumen die Handinnenfläche des
> Kindes.*

Dieses kleine Pony hat heute keine Lust zu schlafen. Es macht
sich auf den Weg und springt vergnügt und ausgelassen über
die Wiese ...

> *Formen Sie mit einer Hand eine lockere Faust, und
> »beklopfen« Sie damit ganz leicht den Arm des Kindes.*

Hey, du kleiner Racker! Nicht so übermütig. Komm her, ich
habe dir ein paar Möhren mitgebracht. Die magst du doch so
gerne.

Das Pony hat Hunger vom vielen Springen und freut sich über
die Möhren ...

> *Machen Sie mit den Fingern Ihrer Hand die Kaubewe-
> gung des Ponys nach, indem Sie Daumen und Fingerspit-
> zen mittig auf dem Arm immer wieder zusammenziehen.*

Das Fressen hat das kleine Pony müde gemacht. Es trabt nun zu seinem Stall einen kleinen Hügel hinauf …

> *Klettern Sie mit Ihren Fingern den Arm des Kindes weiter nach oben.*

Die Sonne, die heute geschienen hat, hat das Stroh wunderbar gewärmt. Kannst du fühlen, wie warm es ist?

> *Reiben Sie beide Handinnenflächen kräftig aneinander, und legen Sie die warmen Hände auf die Schulter des Kindes. Die Wärme entspannt!*

Glücklich, satt und zufrieden geht das Pony nun zum Schlafen in seinen Stall und freut sich schon auf morgen. Schwupp! Das Pony schlüpft hinein und schläft dort ganz schnell ein.

> *Massieren Sie das Ohr des Kindes einen Moment lang, und »huschen« Sie dann mit dem Zeigefinger ganz sanft ins Ohr …*

Gute Nacht, kleines Pony …

Das Meerschweinchen Mümmel Maja

Kennst du das kleine Meerschweinchen Mümmel Maja?

Das Meerschweinchen hat kuscheliges Fell, das nach allen Seiten lustig absteht …

> *Nehmen Sie die Hand des Kindes in Ihre und streichen sie mit Ihren Fingern von der Mitte der Handinnenfläche nach außen, bis auf diese Weise die ganze Hand massiert wurde.*

Mümmel Maja geht auf Entdeckungstour und krabbelt an deinen Armen entlang …

> *Tippeln Sie mit Ihren Fingern (mit leichtem Druck) den Arm des Kindes ganz langsam nach oben.*

Die langen Haare von Mümmel Maja kitzeln dich dabei …

> *Mit den Fingern den Arm des Kindes zärtlich kitzeln und krabbeln.*

Nanu, was macht Mümmel Maja denn jetzt? Sie knabbert an deinem Schlafanzug ...

Zupfen Sie leicht am Schlafanzug/Nachthemd des Kindes.

Hey, Mümmel Maja, das macht man nicht! Komm her, ich streichle dich ...

Streicheln Sie mit der flachen Hand den Schulterbereich des Kindes.

Mümmel Maja wird dabei ganz müde. Schnell schlüpft sie in dein Ohr hinein und schläft dort ganz schnell ein!

Streicheln Sie einmal um das gesamte Ohr des Kindes herum und »huschen« dann mit den Fingern vorsichtig ins Ohr hinein.

Der Sandmann kommt geschlichen

Langsam wird es Abend. Höchste Zeit für den Sandmann, sich auf den Weg zu machen. Auf seinem Sternenteppich schwebt er hinunter zur Erde ...

Beginnen Sie an der rechten Schulter des Kindes und massieren Sie mit einer lockeren Faust den rechten Arm hinab bis zur Hand.

Ganz lautlos kommt der Sandmann geschlichen und geht von Tür zu Tür ...

Massieren Sie die Finger der rechten Hand des Kindes einen nach dem anderen. Streichen Sie dabei die Finger nach oben hin mit etwas Druck aus. Anschließend massieren Sie auf die gleiche Weise alle Finger der linken Hand.

Was ist denn das? Da ist noch ein kleines Menschenkind hellwach! Dabei ist es doch Abend und die Sternlein leuchten. So holt der Sandmann aus seinem Zaubersäckchen eine Handvoll guten Traumsand und streut ihn über das Bett ...

> *Trommeln Sie mit den Fingern Ihrer Hand in die linke Handinnenfläche des Kindes, und stellen Sie so den rieselnden Traumsand dar.*

Als schließlich alle Kinder mit schönen Träumen versorgt sind, macht sich der Sandmann wieder auf den Heimweg. Sanft schwebt er in Richtung Abendhimmel hinauf ...

> *Streichen Sie den linken Arm des Kindes bis zur Schulter hoch.*

Dort oben wartet schon das warme Bett auf den müden Sandmann. Ach, das tut gut ...

> *Reiben Sie die linke Schulter mit ihren Händen so, dass diese leicht erwärmt wird.*

Gähnend schlüpft der kleine Sandmann in dein Ohr hinein und schläft dort ganz schnell ein ...

> *Gähnen Sie gemeinsam mit dem Kind herzhaft. Kneten Sie das Ohr vorsichtig zwischen Ihren Fingern und »huschen« dann vorsichtig hinein!*

Leise schwebt die Traumwolke

Schau mal, da kommt die weiße Traumwolke daher ...

Massieren Sie den oberen Teil des Rückens Ihres Kindes sanft und kreisförmig, indem Sie durch die Bewegung eine größere Wolke am Kinderrücken darstellen.

Die Traumwolke schwebt ganz sachte durch die sternenhelle Nacht ...

Formen Sie eine lockere Faust und lassen Sie diese als Traumwolke den Arm hinunter »schweben«.

Draußen ist es Nacht geworden, und ein leichter Nebel hat sich wie ein Schleier um die Häuser gelegt ...

Streichen Sie nun mit beiden Händen den Arm des Kindes langsam aus. Setzen Sie beide Hände mittig an und ziehen diese mit leichtem Druck nach außen. Nach jedem Streichen wandern Sie so ein Stück den Arm hinauf ...

Die Traumwolke schwebt am guten, alten Mond vorbei und leistet ihm einen Moment Gesellschaft. Das Mondlicht wärmt die Wolke …

> *Reiben Sie beide Handflächen schnell und kräftig aneinander. Wenn diese schön warm sind, legen Sie diese »schützend« auf die Schulter des Kindes.*

Die Reise durch die Nacht hat die Traumwolke müde gemacht. Sie schnauft ein paar Mal …

> *Atmen Sie gemeinsam mit dem Kind ein paar Mal geräuschvoll aus.*

Dann geht die Traumwolke ins Bett. Schnell schlüpft sie in dein Ohr hinein und schläft dort sofort ein …

> *Massieren Sie das Ohr des Kindes einen Moment lang sanft, und »schlüpfen« Sie anschließend mit dem Zeigefinger in sein Ohr.*

Von der Sternenfee

Die Sonne geht am Himmel unter ...

Streichen Sie mit der Hand von der Schulter des Kindes den Arm hinab. Um die untergehende Sonne darzustellen, bewegen Sie die Hand beim Streichen immer von rechts nach links.

Langsam beginnt die Nacht, und kaum ist der Mond am Himmel aufgegangen, landet die Sternenfee in deiner Hand ...

Massieren Sie mit dem Daumen die Handinnenfläche des Kindes.

Die Sternenfee kommt jeden Abend und zaubert die Sterne an den Abendhimmel. Stern für Stern blinkt nun am Himmelszelt auf ...

Zeichnen Sie mit dem Zeigefinger lauter kleine und große Sterne auf den Arm des Kindes.

Sogar eine richtige Sternschnuppe ist dabei, schau mal!

Zeichnen Sie nun mit dem Finger einen Stern auf den Handrücken und streichen anschließend mit der gesamten Hand in Richtung Schulter des Kindes hinauf.

Der Sternenstaub rieselt leise dabei hinab ...

Tippeln Sie sanft mit den Fingerspitzen von der Hand des Kindes bis zur Schulter hinauf.

Schließlich leuchten viele Sterne am abendlichen Himmel. Höchste Zeit für die Sternenfee, ins Bett zu gehen. Müde schwebt sie nach Hause. Sie schlüpft in dein Ohr hinein und schläft dort ganz schnell ein ...

Streichen Sie das Ohr des Kindes einmal mit sanftem Druck von oben bis zum Ohrläppchen hinab, und »schlüpfen« Sie dann mit dem Zeigefinger ins Kinderohr hinein.

Der kleine Nachtwächter

Wenn es draußen dunkel wird, dann macht sich der kleine Nachtwächter auf den Weg zur Arbeit ...

Klopfen Sie mit den Fingerspitzen in die Handinnenfläche der Kinderhand und massieren Sie sie auf diese Weise.

Der kleine Nachtwächter wandert durch die dunklen Straßen und Gassen unserer Stadt ...

Führen Sie mit Zeige- und Mittelfinger die »Gehbewegung« aus, und lassen Sie den kleinen Nachtwächter so den Arm des Kindes ganz langsam nach oben wandern.

Und wenn der kleine Nachtwächter an einer Straßenlaterne vorbeikommt, dann zündet er diese an.

Nehmen Sie den Arm des Kindes in Ihre offene Hand. Mit dem Daumen massieren Sie mal hier und mal da und stellen so das Anzünden der Laternen dar.

Eine kleine Katze kommt um die Ecke und streicht dem Nachtwächter um die Beine.

Streicheln Sie mit der Hand den Arm des Kindes.

Der kleine Nachtwächter geht schließlich nach Hause. Dort wärmt er sich an dem kleinen Feuer, das im Kamin prasselt.

Reiben Sie Ihre Hände fest aneinander, und legen Sie die warmen Handflächen hier und da auf den Arm des Kindes.

Dann ist der kleine Nachtwächter müde. Er sucht dein Ohr, schlüpft lautlos hinein und schläft dort ganz schnell ein ...

Huschen Sie mit der Hand über den Arm des Kindes, streicheln das Ohr und »schlüpfen« mit dem Zeigefinger vorsichtig ins Ohr hinein.

Im Himmelbett

Stell dir vor, du liegst in einem warmen Himmelbett …

Nehmen Sie die Kinderhand zwischen Ihre Hände, und reiben Sie diese vorsichtig warm.

Ach, in einem solchen Himmelbett ist es einfach wunderbar! Du schüttelst deine Wolkendecke noch einmal tüchtig aus …

Nehmen Sie den Arm des Kindes, und versuchen Sie diesen vorsichtig (!) auszuschütteln.

Das ist ja wie bei Frau Holle, die Federn fliegen in der Decke munter umher.

Fahren Sie mit dem Finger mal hier und mal da auf dem Arm des Kindes entlang und massieren Sie diesen so.

Die kuschelige Decke streichelt deine Haut …

Fahren Sie mit der Hand streichelnd über den Arm des Kindes.

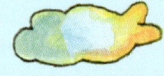

Wie schön sich das anfühlt. Die Wolkendecke hält dich ganz warm und geborgen. Fühl mal …

Umfassen Sie mit beiden Händen die Schulter des Kindes, und streichen Sie von dort mehrmals nacheinander kräftig den Arm nach unten bis zur Hand aus.

Ganz ruhig und entspannt liegst du nun da. Zwei Sterne legen sich auf deine Augen, damit du gut schlafen kannst …

Küssen Sie vorsichtig auf das rechte und dann auf das linke Auge des Kindes.

Und da kommt auch schon ein schöner Traum geflogen. Spürst du ihn? Lautlos schlüpft er in dein Ohr und lässt dich schlafen …

Kreisen Sie mit der Hand langsam über den Kopf des Kindes, streicheln Sie einen Moment lang das Ohr und »huschen« dann ganz vorsichtig und sacht mit dem Zeigefinger dort hinein.

Gesine, das Giraffenkind

Kennst du schon Gesine? Gesine, das Giraffenkind? Gesine ist zwar noch recht klein, aber an ihr ist alles so wie bei einer großen Giraffe auch: Sie hat vier lange Beine …

Nehmen Sie nacheinander vier Finger des Kindes in Ihre Hand (außer dem Daumen), und streichen Sie diese mit Druck nach oben hin bis zur Fingerkuppe aus. Beginnen Sie mit dem kleinsten Finger zuerst.

Und einen Schwanz, der mit jedem Schritt lustig hin und her wippt …

Nehmen Sie den Daumen des Kindes in die Hand, streichen ihn wie die anderen Finger zuvor erst einmal nach oben hin aus. Für die Wippbewegung des Schwanzes bewegen Sie den Daumen mehrmals von rechts nach links.

Was ist denn das Wichtigste bei der Giraffe? Na klar, der lange, lange Hals! Auch Gesine hat einen ganz langen Hals. Schau mal, so lang …

Nehmen Sie den Arm des Kindes in beide Hände und umschließen Sie ihn. Nun fahren Sie den Arm des Kindes bis nach oben zu den Schultern hinauf.

Und so lang geht's den Giraffenhals wieder hinab …

> *Streichen Sie den Arm des Kindes von der Schulter an wieder bis zur Hand hinunter.*

Gesine hat auch lauter tolle Flecken, wie es sich für eine richtige Giraffe gehört. Hier einen … Da einen … Und dort …

> *Massieren Sie den Arm des Kindes, indem Sie mal hier und mal dort eine Stelle streicheln und reiben.*

Und weißt du auch, was Gesine macht, wenn es Abend wird? Dann geht sie in ihren Stall …

> *Streicheln Sie den Arm vom Handgelenk des Kindes bis hoch zu den Schultern.*

Dort schlüpft sie ganz müde in dein Ohr und schon träumt sie einen schönen Traum …

> *Kneten Sie einen Moment das Ohr des Kindes sanft und liebevoll, dann »huschen« Sie mit dem Zeigefinger dort hinein.*

Der kleine Regenbogen

Stell dir vor, mitten in deiner Hand wächst ein Regenbogen ...

Nehmen Sie die geöffnete Hand des Kindes in Ihre, und streicheln Sie sie mit dem Daumen in der Mitte sanft in kreisenden Bewegungen.

Der Regenbogen freut sich, dass er dich heute besuchen darf. Zuerst wächst ganz oben ein leuchtend roter Streifen, der immer größer und größer wird ...

Fahren Sie von der Handmitte des Kindes mit den Fingern den ganzen Arm am äußeren Rand entlang bis hin zur Schulter.

Nach Rot kommt Orange. Wie schön das Orange leuchtet ...

Nun fahren Sie in kleinen, kreisenden Bewegungen den Arm wieder von der Handmitte des Kindes hinauf bis ganz nach oben zum Schulteransatz. Ein kleines Stück »neben« der »roten Regenbogenlinie«, die Sie zuvor mit den Fingern auf den Kinderarm gemalt haben.

Jetzt leuchtet es in deiner Hand ganz gelb. So gelb, wie die liebe Sonne. Und das Gelb ist herrlich warm …

Pusten Sie nun von der Handmitte des Kindes aus unter der imaginären Linie des Regenbogens hindurch bis zur Schulter des Kindes.

Nach Gelb ist nun Grün an der Reihe. Das Grün sieht aus wie eine Wiese im Sommer …

Fahren Sie mit dem Zeigefinger wieder von der Handmitte des Kindes zur Schulter. Dabei »malen« Sie viele kleine Striche, die die grünen Grashalme darstellen sollen.

Und ehe du dich versiehst, ist deine Hand leuchtend blau. Das Blau sieht aus wie das Meer. Du kannst richtig fühlen, wie das Blau sich wie eine Welle deinen Arm hinaufschlängelt.

Zeichnen Sie mit dem Fingern von der Handmitte des Kindes eine Wellenlinie bis zur Schulter.

Zu guter Letzt darf Lila natürlich nicht fehlen. Lila ist heute gut gelaunt. Es wächst in kleinen Zickzack-Linien und macht den Regenbogen so komplett ...

Fahren Sie mit dem Zeigefinger oder Daumen in kleinen Zickzack-Linien zur Schulter hinauf.

Als der Regenbogen bei dir angekommen ist, ist er ganz müde. Schnell schlüpft er in dein Ohr und kaum ist er drin, da ist er auch schon eingeschlafen ...

Massieren Sie das Ohr des Kindes einen Moment lang und schlüpfen dann mit dem Zeigefinger sanft dort hinein ...

 # Vom kleinen Schmetterling

Hallo, wer kommt denn da geflattert?

»Fliegen« Sie mit Ihren Fingern in der Luft und streifen Sie hier und da den Arm des Kindes.

Ein kleiner, kunterbunter Schmetterling! Der sieht vielleicht schön aus. Damit du ihn dir besser anschauen kannst, landet er auf einer großen Blume …

Lassen Sie den imaginären Schmetterling in der geöffneten Hand des Kindes landen.

Die kleinen Fühler des Schmetterlings kitzeln deine Hand …

Kitzeln Sie sanft die Handinnenfläche des Kindes.

Der kleine Schmetterling ist neugierig. Er spaziert auf der Blume auf und ab.

Lassen Sie Ihre Finger den Arm des Kindes zur Schulter hinaufspazieren.

Hier und da ist der kleine Schmetterling auf der Suche nach süßem Nektar …

> *Zupfen Sie ganz sanft (!) mit Zeigefinger und Daumen den Arm des Kindes.*

Schließlich ist der kleine Schmetterling müde. Er bedankt sich bei dir mit einem Kuss und wünscht dir eine gute Nacht …

> *Für den Schmetterlingskuss legen Sie Ihre Wimpern auf die Wange des Kindes und klimpern mit den Augen.*

Selig und zufrieden schlüpft der Schmetterling in dein Ohr hinein und beginnt zu träumen …

> *Zupfen Sie leicht von oben nach unten am Ohr des Kindes, und schlüpfen Sie dann mit dem Zeigefinger vorsichtig ins Ohr hinein.*

Entspannungsrätsel zur guten Nacht

Entspannungsrätsel sind wunderbar dazu geeignet, um Kinder an das Thema Entspannung heranzuführen. Sie sind besonders ideal für jüngere Kinder, die noch nicht in der Lage sind, einer längeren Fantasiereise zu folgen.

Gerade am Abend, wenn man schnell etwas benötigt, um ein »aufgedrehtes« Kind zur Ruhe zu bringen oder vielleicht nicht so viel Zeit hat, um eine längere Fantasiereise zu erzählen, sind Entspannungsrätsel eine große Hilfe.

Die Kinder lernen hierbei, erst einmal für nur wenige Minuten ruhig dazusitzen oder zu liegen, die Augen zu schließen und ganz aufmerksam zu lauschen. Das Tolle an diesen Rätseln ist, dass die Kinder in der Regel sehr motiviert sind, das entsprechende Entspannungsrätsel zu lösen, und somit erfahrungsgemäß ruhig und aufmerksam zuhören. Schließlich kann nur derjenige, der alle Informationen erhalten hat, die Lösung erraten.

Wer Spaß an den Rätseln findet, wird auch mit den Fantasiereisen keine Schwierigkeiten haben, sondern diese regelrecht genießen, da die Ruhephasen dabei deutlich länger und somit natürlich wesentlich intensiver sind.

Das Bett

Du stehst in jedem Kinderzimmer ... Am Tage kommt es vor, dass sich die Kinder auf dir eine kleine Pause zum Verschnaufen gönnen, um neue Kraft zu tanken ...

Am Abend schlüpfen die Kinder dann frisch gewaschen und in einem schönen Schlafanzug oder Nachthemd tief in dich hinein ... Du hältst stets eine warme Decke und ein weiches Kissen für sie bereit .... Ach, es ist einfach ganz gemütlich, in dir zu liegen und ins Land der Träume zu reisen ...

Weißt du, was du in diesem Rätsel gewesen bist?

DAS BETT

Der Nachtwächter

Wenn es draußen dunkel wird, dann kommt deine Zeit ... Am Abendhimmel leuchten schon viele Sterne und der gute, alte Mond ...

Du hast einen warmen Mantel an und eine Laterne in der Hand ... So ziehst du in aller Ruhe durch die Straßen und Gassen ... Schaust überall nach dem Rechten ... Und wachst in der Nacht über die Menschen.

Eine kleine Katze kommt um eine Ecke geschlichen und leistet dir eine Weile Gesellschaft ...

Und wenn der Tag langsam erwacht und die ersten Lichter in den Häusern angehen, dann darfst du dich ausruhen ... Dein gemütliches Bett wartet schon auf dich!

Was bist du in diesem Rätsel gewesen?

DER NACHTWÄCHTER

Ein Kissen

Stell dir vor, du bist ganz weich ... Ganz weich und herrlich kuschelig ... Manchmal bist du rund, aber oftmals eckig ... Über dir ist ein Bezug, der viele verschiedene Farben haben kann ...

Tagsüber, wenn die Kinder fröhlich und ausgelassen sind, können sie mit dir eine lustige »Schlacht« veranstalten ... Dabei werfen sie dich umher und lachen ... Das Schöne an dir ist, dass man sich an dir nie wehtun kann ...

Wenn die Kinder mal müde sind und sich ausruhen wollen, kuscheln sie sich auf dich ... Am Abend, wenn sie dann schließlich zu Bett gehen, liegst du schon für sie bereit ... Am Kopfende des Bettes ...

Sicher hast du längst erraten, was du in diesem Rätsel gewesen bist oder?

EIN KISSEN

Ein Stern

Wenn du nun deine Augen schließt, stell dir vor, draußen wird es langsam dunkel ... Die Sonne, die den lieben langen Tag über geschienen hat, ist müde und hat sich auf den Heimweg gemacht, um dem Mond am Himmel Platz zu machen ... Der Himmel leuchtet in einem abendlichen Blau ... Die Stadt liegt ruhig und still ... Auch auf den Straßen ist kein Verkehr ...

Langsam klettert der Mond am abendlichen Himmel empor ... Und damit der Mond nicht so alleine ist, leistest du ihm etwas Gesellschaft ... Dein goldener Schein leuchtet bis zur Erde, und mit dir leuchten viele deiner Brüder und Schwestern ... Wenn keine Abendwolken dahinziehen, bildest du mit ihnen tolle Bilder am Himmel ...

Nun darfst du mir ins Ohr flüstern, was du in diesem Rätsel gewesen bist.

EIN STERN

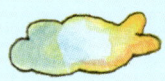

Eine Abendwolke

Schließe nun deine Augen … Dann stell dir vor, du bist etwas, das am Himmel zu sehen ist … Nicht am Tag, sondern am Abend und in der Nacht … Kuschelig siehst du aus, und die Kinder auf der Erde wünschen sich oft, dass sie sich auf dich kuscheln und es sich dort gemütlich machen könnten …

Ganz schwerelos und gemütlich ziehst du am abendlichen Himmel entlang … Zwischen all den vielen Sternlein und dem guten, alten Mond schwebst du dahin … Wenn der Wind weht, dann pustet er dich auch schon mal etwas schneller des Weges.

Aber heute Nacht treibt dich nichts zur Eile … Ganz ruhig und friedlich ziehst du dahin … Der Mond strahlt dich an, sodass du aussiehst wie ein kleines Schäfchen …

Was bist du in diesem Rätsel wohl gewesen?

EINE ABENDWOLKE

Eine Laterne

Wenn du ganz bequem liegst, schließe deine Augen ... Dann stell dir vor, der Tag neigt sich dem Ende zu ... Als die Sonne ganz untergegangen ist, wird es in der Stadt ruhig und das hektische Treiben hat ein Ende ...

Der Himmel ist nun tiefblau und hinter den Häusern entdeckt man den Mond, der heute wie eine silberne Sichel emporsteigt ...

Draußen wird es immer dunkler ... Doch zum Glück gibt es ja dich ... Du stehst in jeder Straße und spendest in der Dunkelheit Licht ... Manchmal stehst du auch vor einem Hauseingang und leuchtest hell vor dich hin ...

Dein Pfahl ragt hoch hinauf und dein Leuchten weist auch den wenigen Autos, die in der Nacht noch fahren, den Weg.

Kannst du erraten, was du in diesem Rätsel gewesen bist?

EINE LATERNE

Ein Glühwürmchen

Schließe erst einmal deine Augen … Dann stelle dir vor, du bist ein kleines Tier … Obwohl du ganz klein bist, kannst du fliegen … Das Besondere an dir ist, dass du in der Nacht leuchten kannst … Im Sommer bei gutem Wetter, wenn die Kinder eine Nachtwanderung unternehmen oder länger im Garten spielen, erkennen sie dich an deinem Leuchten … Sie versuchen dann oft, dich einzufangen, damit du ihnen etwas Licht im Dunklen schenkst … Hell schwirrst du umher …

Hast du erkannt, welches Tier du bist?

EIN GLÜHWÜRMCHEN

Wohltuende Massagen zum Entspannen und Träumen

Massagen sind etwas Wunderbares und ideal dazu geeignet, Kinder zur Ruhe zu führen. Sie vermitteln ihnen Liebe, Geborgenheit und eine gesunde Portion Aufmerksamkeit, die im hektischen Alltag oft verloren geht.

Die liebevollen Berührungen sind nicht nur Streicheleinheiten für Geist und Seele. Sie sorgen für einen wirklich harmonischen, sanften Abschied vom Tage und helfen den Kindern, ruhig und entspannt einzuschlafen.

Selbstverständlich lassen sich die hier aufgeführten Massagen auch zu jeder anderen Tageszeit anwenden, wenn Sie Ihrem Kind etwas Gutes tun wollen oder es mal eine »Auszeit« vom hektischen Alltagsgeschehen braucht. Sie werden ihm dann helfen, seine innere Ruhe wiederzufinden und körperliche Anspannung auf wunderbare Art und Weise abzubauen.

Wichtig ist, dass Sie sich wirklich Zeit nehmen und während einer Massage nicht ablenken lassen. Widmen Sie sich für diese Zeit ganz Ihrem Kind und genießen auch Sie die Ruhe, die dabei aufkommt!

Falls Sie die Massagen tagsüber ausprobieren, so wundern Sie sich nicht, wenn das Kind auch Sie im Anschluss einmal massieren möchte. Dies kommt häufig vor. Nehmen Sie dies als Anerkennung einfach dankend entgegen, auch Ihnen werden die Streicheleinheiten und die damit verbundene Auszeit guttun!

Der Sandmann ist da!

Das Kind liegt auf dem Bauch im Bett

Stell dir vor, es ist Abend und du spürst den Abendwind, wie er ganz sanft über deinen Rücken weht ...

> *Mit den Händen den Rücken streicheln. Beziehen Sie ruhig den gesamten Oberkörper mit ein. Sehr wohltuend wirkt dieses Streicheln auch in der Schultergegend.*

Plötzlich entdeckst du eine große, weiße Wolke, die fast lautlos durch die Nacht gleitet ...

> *Mit der Hand eine lockere Faust machen und mit dieser kreuz und quer über den Rücken streichen.*

Auf der Abendwolke sitzt der Sandmann und winkt dir freundlich zu.

> *Mit der flachen Hand zügig über den Rücken streichen, als würde man jemandem »winken«.*

Natürlich hat der Sandmann sein Säckchen dabei, das auch heute Abend mit den schönsten und buntesten Träumen gefüllt ist. Er greift hinein und lässt etwas von seinem Traumblütenstaub auf dich hinunterrieseln …

Mit den Fingern flink und sanft über den Rücken fahren und die »rieselnde« Bewegung nachahmen.

Du spürst auch sogleich die Wirkung und freust dich schon auf deinen bunten Traum. Es ist, als würde dich der Sandmann ganz sanft in den Schlaf wiegen …

Fassen Sie das Kind mit den Händen an den Schultern und wiegen es auf diese Weise ganz sacht ein paar Mal hin und her.

Dann bist du auch schon eingeschlafen und fühlst dich rundherum ganz wohlig und warm.

Die beiden Hände fest aneinanderreiben, sodass sie richtig »heiß« werden, und dem Kind mittig auf den Rücken legen. Die warmen Hände dürfen ruhig eine Minute oder länger so auf dem Rücken ruhen. Das tut sehr gut und wirkt beruhigend.

Schlaf schön …

Sonne im Bauch

Hinweis: Bei dieser Massage empfiehlt es sich, etwas Massageöl zu benutzen!

Das Kind liegt im Bett auf dem Rücken.
Nehmen Sie ein wenig Öl in die Hände und reiben Sie
Ihre Hände ganz fest aneinander, sodass sich zum einen
das Öl gleichmäßig verteilt und zum anderen die Hände
wunderbar warm werden.

Stell dir mal vor, mitten in deinem Bauch scheint eine kleine Sonne ... Die Sonne ist etwas ganz Besonderes, denn sie ist wunderbar warm ... Im ganzen Bauch kannst du ihre warmen Strahlen spüren. Das tut dir gut und schenkt dir neue Kraft ...

Massieren Sie mit einer Hand um den Bauchnabel des Kindes herum. Ruhig mit leichtem Druck, das ist sehr angenehm, und durch das Öl rutscht die Hand auch gut! Wichtig ist, dass Sie im Uhrzeigersinn massieren, da so auch der Darm verläuft und sich auf diese Weise der gesamte Bauchraum wunderbar entspannen kann.

Und manchmal hast du großes Glück, denn dann gesellt sich der Mond zu dir hinzu. Sonne und Mond sind ein tolles Team und sorgen dafür, dass sich dein Bauch herrlich entspannen kann. Versuche einfach, die Wärme der Sonne und das Licht des Mondes in dir zu spüren ...

Wenn Sie möchten, können Sie auch den Mond auf den Bauch scheinen lassen! Dazu massieren Sie mit der linken Hand ganz gleichmäßig um den Bauchnabel – wie gehabt im Uhrzeigersinn. Und mit der rechten Hand massieren Sie synchron einen »Mond« bzw. Halbkreis um den Bauchnabel.

Zum Schluss legt sich der Mond zum Schlafen auf den Bauch
und umhüllt ihn mit seiner Wärme ...

Dazu reiben Sie die Hände noch einmal ganz fest anein-
ander und legen sie dann wärmend auf den Bauch.
Das Kind kann sich dabei die Sonne und den Mond
vorstellen und die angenehme Wärme spüren, die
die Sonnenstrahlen im Bauch verursachen ...

Ein kleiner Tipp

Diese Übung stammt aus der Babymassage und
wirkt sehr wohltuend. Besonders gut geeignet ist
sie für Kinder, denen im wahrsten Sinne des
Wortes schnell etwas auf den Magen schlägt!

Der müde Clown

Das Kind liegt auf dem Rücken im Bett. Der Kopf ruht am besten auf Ihrem Schoß, damit Sie so das Gesicht des Kindes gut massieren können.

Stell dir mal vor, du bist ein Clown. So ein richtig lustiger Clown, wie du ihn aus dem Zirkus oder vom Rummelplatz kennst.

Das Kind schließt seine Augen. Geben Sie ihm einen Moment lang Zeit, sich einen Clown in Gedanken vorzustellen.

Damit ein Clown auch wirklich aussieht wie ein Clown, muss er sich schminken. Als Erstes wäscht er sich sein Gesicht …

Mit den Handinnenflächen über das Gesicht des Kindes streicheln, so als würde man es tatsächlich »waschen«.

Alles sauber? Na, dann müssen wir das Gesicht gut abtrocknen, damit wir es anschließend schminken können.

Mit locker geschlossenen Fäusten über das Gesicht des Kindes »rubbeln«. Ruhig mit etwas Druck, so wie es dem Kind angenehm ist.

Wir fühlen, ob alles trocken ist …

> *Sanft vom Haaransatz des Kindes hinabpusten. Aber*
> *wirklich sanft – sodass das Kind dies nur als leichten*
> *Windhauch spürt!*

Zuerst müssen wir etwas Creme auftragen, damit sich die Schminke nach der Vorstellung auch wieder abwaschen lässt …

> *Mit den geöffneten Händen das Gesicht des Kindes sanft*
> *und in kreisenden Bewegungen massieren.*

Dann öffnen wir den Schminkkasten und malen dem Clown eine rote Nase … Einen fröhlichen, lachenden Mund … Ein paar Sternchen auf die Wange …

> *Mit dem Finger die entsprechenden Stellen im Gesicht*
> *»bemalen«, indem man diese entsprechend berührt und*
> *mit zartem Fingerdruck massiert. Greifen Sie ruhig die*
> *Wünsche des Kindes auf, was der Clown im Gesicht noch*
> *bemalt haben möchte.*

Toll, nun ist das Clownsgesicht schon kunterbunt. Aber es fehlt noch die bunte Perücke mit den lustigen Locken …

> *Massieren Sie mit beiden Händen den Kopf/die Haare*
> *des Kindes. Stellen Sie sich dabei vor, Sie würden dem*
> *Kind die Haare waschen und einshampoonieren …*

So spaziert der bunte Clown nun in der Manege herum ... Er lacht ganz viel und schneidet Grimassen, über die das Publikum herzlich lacht ...

An dieser Stelle kann das Kind, wenn es mag, sein Gesicht zu lustigen Fratzen verziehen. Diese Gesichtsgymnastik entspannt!

Nach der Vorstellung am Abend ist der Clown furchtbar müde. Er nimmt die Perücke ab, wäscht das Gesicht und legt sich schlafen ... Ganz ruhig und entspannt liegt er da und schließt die Augen ...

Mit den Händen können Sie die beiden geschlossenen Augen des Kindes leicht abdecken. Das entspannt wunderbar und tut den Augen sehr gut.

Dann kuschelt er sich tief in sein Kissen und beginnt zu träumen ...

Nehmen Sie die beiden Hände und legen Sie diese – wie eine kleine Schale – unter den Kopf des Kindes, sodass Sie diesen sicher halten. Das vermittelt Geborgenheit.

Wolkenmassage

Das Kind legt sich der Länge nach auf den Bauch.

Schließe nun deine Augen ... Höre einen Moment lang in dich hinein, ob du ganz bequem liegst und dich wohlfühlst ...

> *Dem Kind einen Moment Zeit geben, bis es wirklich die richtige Liegeposition gefunden hat, in der es entspannt liegen kann.*

Dann stell dir vor, auf deinem Rücken ist ein strahlend blauer Himmel.

> *Streicheln Sie mit den flachen Händen über den gesamten Rücken des Kindes. Ruhig mit leichtem Druck, da die Bewegungen beruhigen und Spannung nehmen sollen. Wenn sie das »Streicheln« zu sanft ausführen, macht es die Kinder erfahrungsgemäß schnell unruhig und kribbelig, weil die Berührung kitzelt.*

Viele Wolken ziehen darauf entlang. Ganz gemütlich streichen sie am Himmel umher und kennen weder Hast noch Eile ...

Mit den lockeren Fäusten am Rücken des Kindes entlangfahren. Kreuz und quer, sodass der gesamte Rücken gleichmäßig »bearbeitet« wird.

Sicher hast du im Sommer schon mal im grünen Gras gelegen und den Wolken bei ihrem Wolkenspiel zugesehen. Das Tolle an den Wolken ist, dass sie ständig ihre Form verändern. Mal sehen sie aus wie kleine Schäfchen ... Dann wie ein großes Wolkenboot ... Pass mal auf, wie die Wolken heute aussehen!

Malen Sie mit dem Finger langsam (!) einfache Formen auf den Rücken des Kindes, die es dann erraten kann. Beginnen Sie mit ganz simplen Formen, wie beispielsweise Kreis, Dreieck usw. Bei älteren Kindern dürfen es dann auch schwierigere Formen oder kleine Bilder sein.

Irgendwann wird es Zeit für die Wolken, zu Bett zu gehen. Ein kleiner frecher Abendwind pustet sie heimwärts ...

Streichen Sie mit beiden Händen kräftig von den Schultern in Richtung Po den Rücken hinunter. Dies können Sie beliebig oft wiederholen. Wichtig ist nur, dass die Bewegung von oben nach unten in Richtung der Füße durchgeführt wird, da dies die Anspannung nimmt und Ruhe vermittelt.

Dann legen sich die kleinen und großen Wolken in ihr kuschelig weiches Bett und decken sich zu ... Fühl mal, wie herrlich warm es dort ist!

Reiben Sie die beiden Handflächen schnell und kräftig aneinander, bis diese wirklich schön warm sind. Im Anschluss legen Sie die gewärmten Hände ruhig und mit etwas Druck auf den Rücken des Kindes.

Die Wärme wirkt entspannend und der Druck beruhigt zusätzlich. Dies ist ein guter Ausklang für die Massage, und die Kinder finden so schneller in den Schlaf!

Vom Sterntaler

Das Kind legt oder setzt sich hin. Zum Einschlafen ist es jedoch sinnvoller, die Massage durchzuführen, wenn das Kind liegt, da es so danach direkt im Bett bleiben kann. Sie selbst setzen sich am besten wieder ans Kopfende.

Schließe nun einmal deine Augen ...

Stell dir vor, du bist Sterntaler. In deinem Sternenkleid schwebst du durch die Nacht und alles um dich herum ist vollkommen ruhig und still ...

Greifen Sie über den Kopf des Kindes und streicheln Sie mit ihren offenen Händen gleichmäßig und »schwebend« über den gesamten Rücken des Kindes. Wenn das Kind es mag, können Sie selbstverständlich auch Schultern und Arme miteinbeziehen. Gerade an den Schultern ist dies sehr entspannend, weil es Spannungen löst!

Wenn das Kind auf dem Rücken liegt, können Sie dasselbe auch beim Bauch des Kindes durchführen, nur hier bitte mit mäßigem Druck, da der Bereich empfindsamer ist!

Du kleines Sterntalerkind stehst da, und ganz sanft streichelt der abendliche Wind durch dein Haar …

> *Fahren Sie mit den gespreizten Fingern durch die Haare des Kindes.*

Das tut gut. Vor allen Dingen, wenn der Wind deinen Kopf ganz liebevoll streichelt …

> *Massieren Sie sanft die Kopfhaut des Kindes. Es entscheidet selbst, wie viel Druck ihm dabei angenehm ist.*

Und schau mal da – es fallen kleine Sternschnuppen vom Himmel hinab. Die kleinen Sternchen rieseln auf dein Haar …

> *Klopfen Sie ganz sanft mit den Fingerspitzen mal hier und mal dort auf den Kopf des Kindes.*

Etwas Sternenstaub rieselt auf dich herab. Ganz sanft streichelt er deine Stirn …

> *Am besten sitzen Sie hinter dem Kind. So können Sie gut mit den Daumen abwechselnd und in einem gleichmäßigen Rhythmus vom Nasenbein an hoch bis zum Haaransatz streichen.*

Schließlich kommt eine weiche, kuschelige Abendwolke und deckt dich zu ...

Legen Sie die beiden Handflächen ganz locker über die Augen des Kindes, und lassen Sie diese einen Moment lang einfach dort ruhen.

Schlaf gut, kleines Sterntaler-Kind, bis morgen früh ...

Wenn die Massage unmittelbar vor dem Schlafengehen gemacht wird, kann das Kind einfach liegen bleiben und im Anschluss einschlafen!

Langsam wird es Nacht ...

Das Kind liegt der Länge nach auf dem Bauch.

Schließe nun deine Augen. Spüre einen Moment in dich hinein, ob du dich ganz wohlfühlst und die Lage bequem ist ...

Dann stell dir vor, es ist ein schöner Tag. Die Sonne scheint hell und warm. Ihre vielen Sonnenstrahlen kannst du auf deinem Rücken fühlen. Wie wunderbar warm sie sind ...

> *Streichen Sie mit beiden Händen über den gesamten Rücken des Kindes. Dabei können Sie einen leichten Druck beim Streicheln ausüben, durch den der Rücken angenehm gewärmt wird.*

Dann neigt sich der Tag langsam dem Ende zu. Die Sonne geht hinter den Bergen unter ...

> *Streichen Sie von der einen Schulter zur anderen hin und her. Langsam, aber sicher und in zarten Zickzack-Bewegungen den gesamten Rücken hinab bis zum Po des Kindes.*

Ganz leise wird es draußen. Die ganze Stadt liegt still und ruhig da ...

Ruhig werden und einfach einen Moment lang die Stille genießen!

Am Himmel leuchten viele Sterne auf. Schau mal, ihr helles Licht! Ganz viele von ihnen kannst du auf deinem Rücken spüren ...

Lassen Sie den Sternenhimmel am Rücken des Kindes aufgehen! Nehmen Sie alle Fingerspitzen einer Hand zusammen, legen sie auf den Rücken und öffnen allmählich die Hand. Hier und da spürt das Kind dann die »Sterne«.

Und da kommt auch schon der Mond ... Wie ein silberner Ball, so kugelrund schaut er heute aus.

Legen Sie eine flache Hand mittig auf den Rücken des Kindes. Beginnen Sie nun mit dieser Hand kreisförmig den runden Mond auf den Rücken zu malen. Wählen Sie dabei ein ruhiges, gleichmäßiges Tempo.

Das warme Mondlicht auf dem Rücken tut richtig gut.

Und weil es schon ganz spät ist, wiegt der gute, alte Mond dich nun in den Schlaf ... Schlaf gut und träum etwas Schönes!

Legen Sie die flache Hand auf das Kreuzbein des Kindes. Bewegen Sie das Kind an dieser Stelle sanft und ganz leicht hin und her. Die ruhige, gleichmäßige Bewegung wirkt schlaffördernd.

Auf dem Spielplatz

Das Kind liegt der Länge nach auf dem Bauch.

Heute ist ein wirklich schöner Tag. Nichts wie raus an die frische Luft und ab auf den Spielplatz!

> *Klopfen Sie mit lockeren Fäusten auf dem Rücken des Kindes auf und ab.*

Am Spielplatz angekommen, kletterst du als Erstes auf die lange Rutsche hinauf …

> *Klopfen Sie mit den lockeren Fäusten rechts und links von der Wirbelsäule gerade nach oben bis zum Halsansatz.*

Oben angekommen setzt du dich auf die Rutsche und saust sie hinab – hui!

> *Streichen Sie mit den flachen Händen von den Schultern angefangen den Rücken mit Druck hinunter.*

Noch mal – dann los! Stufe für Stufe kletterst du die Rutsche wieder hinauf …

> *Klopfen Sie mit den lockeren Fäusten rechts und links von der Wirbelsäule gerade nach oben bis zum Halsansatz.*

Und schwupps, schon wieder geht es hinab nach unten …

*Streichen Sie wieder mit den flachen Händen von den
Schultern angefangen den Rücken mit Druck hinunter.
Das Rutschen können Sie so oft wiederholen, wie es ihrem
Kind guttut.*

Da entdeckst du die große Schaukel. Du schaukelst für dein Le-
ben gerne …

*Legen Sie beide Hände nebeneinander auf das Kreuzbein.
Üben Sie mit leichtem Druck eine Schaukelbewegung aus.
Diese sollte langsam und gleichmäßig sein, da das Schau-
keln während der Massage das Kind beruhigen soll.*

Wenn du schließlich genug geschaukelt hast, schlenderst du
hinüber zu dem kleinen Karussell. Du setzt dich hinein und
drehst dich immerzu vergnügt im Kreis …

*Legen Sie die Hand mittig auf den Rücken des Kindes.
Massieren Sie den Rücken in kreisenden Bewegungen mit
leichtem Druck. Das wärmt und entspannt.*

Nachdem du genug gespielt hast, bist du müde. Du suchst dir einen Platz auf der grünen Wiese ... Das weiche Gras massiert deinen Rücken – ach, herrlich!

Massieren Sie mit den Fingern den gesamten Rücken des Kindes so lange, wie es ihm angenehm ist.

Das tut wirklich gut. Ganz ruhig und entspannt liegst du nun da ... Ganz schwer liegt dein Körper im grünen Gras ... Dabei genießt du die warmen Sonnenstrahlen, die dich noch tiefer entspannen lassen ... Und schließlich fallen dir die Augen zu und du beginnst, vor dich hin zu träumen ...

Reiben Sie beide Handinnenflächen schnell und kräftig aneinander. Wenn die Hände schön warm sind, legen Sie diese flach auf den Rücken des Kindes. Immer dann, wenn die Wärme nachlässt, wiederholen Sie das Hände- reiben und legen sie dann erneut auf.

Der kleine
Käfer Kribbel Krabbel

Das Kind setzt sich für diese Handmassage am besten auf Ihren Schoß. So fühlt es sich rundum geborgen und kann zudem etwas kuscheln, was gerade am Abend für die meisten Kinder sehr wichtig ist.

Dann nehmen Sie eine Hand des Kindes in Ihre Hände.

Hallo, mein kleiner Schatz! Ich bin der Käfer Kribbel Krabbel. Weißt du, warum man mich so nennt? Ist doch ganz klar! Weil ich den lieben langen Tag immerzu umherkrabble …

Mit einer Hand stützen Sie die Hand Ihres Kindes und mit der anderen »krabbeln« Sie seine gesamte Hand auf und ab. Kein Finger sollte dabei ausgelassen werden!

Und weil ich Käfer Kribbel Krabbel so klein bin, passe ich in jede Hand, schau mal …

Massieren Sie mit dem Daumen die Handinnenfläche des Kindes mit leichtem Druck, so wie es dem Kind guttut und nicht kitzelt!

Manchmal strecke ich meine Fühler ganz weit aus. Es tut gut, sich kräftig zu recken und zu strecken …

Fahren Sie mit dem Daumen jeden Finger entlang bis zu den Fingerspitzen.

Wunderbar, findest du nicht auch? Weißt du, was auch guttut? Wenn ich auf deinen Fingernägeln tanze und diese dabei massiere. Komm, wir probieren es mal aus …

Greifen Sie zuerst den Nagel am Daumen des Kindes. Fahren Sie nun mit ihrem ausgestreckten Daumen den Nagel des Kindes mehrfach hin und her. Dies wiederholen Sie bei allen Fingernägeln der Hand.

Und wenn ich ganz müde bin, dann suche ich mir einen schönen Platz zum Schlafen. Am liebsten schlafe ich im warmen, weichen Sand. Dazu lege ich mich auf den Rücken und kugel mich hin und her, damit eine gemütliche Mulde zum Schlafen entsteht.

Fahren Sie mit Ihrer ausgestreckten Hand über die Handinnenfläche des Kindes. Dies können Sie mehrfach wiederholen. Immer beim Handgelenk beginnend bis hoch zu den Fingerspitzen.

Wenn die Kuhle zum Schlafen fertig ist, dann kuschel ich mich hinein und decke mich mit einem Blütenblatt zu – herrlich warm ist mir dann! Und so schlafe ich ganz schnell ein ...

Reiben Sie Ihre Handflächen einmal kräftig aneinander, bis diese schön warm sind. Damit umschließen Sie die Hand Ihres Kindes.

Kleiner Tipp

Wenn Sie genug Zeit haben, sollten Sie am besten beide Hände des Kindes auf diese Weise massieren. Und wenn die Kinder die Massage sehr genießen, kann sich das Kind nach der Handmassage ins Bett legen und zudecken, sodass nur noch die Füße unter der Decke hervorschauen. Dann lassen Sie den Käfer Kribbel Krabbel auch an die Kinderfüße. Auch dort ist seine Massage wunderbar wohltuend und angenehm!

Kein Auto weit und breit

Material: Verschiedene Spielzeugautos

Das Kind legt sich auf den Bauch.

Auf der Straße ist heute richtig was los! Überall brummt und tuckert es die Straßen entlang. Die Autos fahren schnell, biegen mal hier und dort ab ...

Nehmen Sie die Autos in die Hand und sausen damit über den Rücken des Kindes. Bei dieser Massage können Sie auch die Schultern und Arme miteinbeziehen.

He, was ist denn das? Da vorne fährt ein Feuerwehrauto mit Tatütata ...

Sie brauchen hierzu nicht zwingend ein »Feuerwehrauto«, da das Kind dies auf dem Rücken ja nicht sehen kann. Dennoch sind Geräusche an dieser Stelle der Massage schön. In der Regel ertönt die »Sirene« laut im Kinderzimmer, ebenso wie die quietschenden Reifen und hier und da ein Hupen!

Puh, das war aber laut … Zum Glück ist das Feuerwehrauto nun nicht mehr zu hören. Trotzdem fahren noch allerhand Autos umher …

Die Geräusche und der gespielte Straßenlärm sollte nun verstummen, damit die Kinder den Rest der Massage genießen können und auch wirklich zur Ruhe kommen. Dafür können Sie mit zwei Autos gleichzeitig auf dem Rücken fahren, um so den gesamten Rücken besser massieren zu können.

Der Tag neigt sich langsam dem Ende zu. Draußen auf den Straßen wird es ruhiger. Nur noch vereinzelt drehen Autos ihre Runden …

Nur noch mit einem Auto massieren und damit langsam, in gemütlichem Tempo über den Rücken fahren.

Das letzte Auto hat sein Fahrtziel erreicht. Ab in die Garage …

Legen Sie Ihre linke Hand links auf das Becken Ihres Kindes, die rechte Hand auf die rechte Seite. Streichen Sie nun mit beiden Händen und sanftem Druck in Richtung der Beine aus.

Das Garagentor schließt sich ...

Mit beiden Händen fassen Sie die Schultern des Kindes, ruhen dort einen Moment und ziehen dann die Hände nach unten in Richtung Füße ...

Das Auto ist noch ganz außer Puste von der langen Fahrt. Es schnauft ein paar Mal ...

Das Kind atmet ein paar Mal kräftig ein und aus.

Die Motorhaube ist noch ganz warm ...

Reiben Sie Ihre Hände kräftig aneinander und legen Sie sie mittig auf den Kinderrücken.

Jetzt ist das Auto ruhig und ganz entspannt ... Vollkommen still steht es da ... Bis morgen kann es nun neue Kraft und Energie tanken ...

Das Kind zudecken und in Ruhe einschlafen lassen!

Fantasiereisen zur guten Nacht

Fantasiereisen eignen sich hervorragend zum Einschlafen. Die Kinder schließen hierbei die Augen und stellen sich die Handlung vor ihrem inneren Auge vor. Sie tauchen ein ins unendliche, weite Reich der Fantasie, die Geschichten laden zum Träumen ein ...

Zudem enthalten diese Fantasiereisen Elemente aus dem Autogenen Training, wie beispielsweise Ruhe, Schwere und Wärme. Sie bewirken eine tiefe innere Entspannung. Auf diese Weise fällt es den Kindern leichter, in den Schlaf zu gleiten sowie angestauten Stress loszuwerden und die innere Ruhe wiederzufinden.

Um eine bestmögliche Entspannung zu erlangen, sollten Sie folgende Dinge beachten:

- Nehmen Sie sich für das Vortragen der Fantasiereisen ausreichend Zeit und vermeiden Sie Störungen. Vielleicht legen Sie währenddessen den Telefonhörer zur Seite und widmen sich für den Moment nur Ihrem Kind.
- Tragen Sie die Entspannungsgeschichten immer mit ruhiger Stimme vor. Seien Sie Vorbild und halten Sie sich vor Augen, dass die Kinder durch den Text zur Ruhe kommen sollen.

Dies geht nur, wenn auch Sie entsprechende Ruhe und Gelassenheit ausstrahlen.

- Beachten Sie, dass sich Kinder die Fantasiereisen vor ihrem inneren Auge ausmalen und vorstellen werden. Dies braucht seine Zeit. Somit sollten Sie zwischen den einzelnen Sätzen und Passagen entsprechende Pausen einbauen, damit der Text wirken kann. Im Gegensatz zu Bilderbüchern oder anderen Geschichten werden hier den Kindern in der Regel ja keinerlei Bilder und Illustrationen vorgegeben!

- Mithilfe der folgenden Fantasiereisen sollen die Kinder einschlafen. Somit ist es sinnvoll, die Kinder schon vorab bettfertig in ihr Bett zu legen.
Je mehr Erfahrung Kinder mit solchen Geschichten haben, desto schneller wirkt die Entspannung. Somit kann es durchaus passieren, dass ein Kind so gut entspannt, dass es bereits während einer Geschichte einschläft.

- Natürlich können Sie die Fantasiereisen auch tagsüber einsetzen, wenn Sie dem Kind eine Oase der Ruhe schenken möchten, in der es neue Kraft tanken kann. Wenn die Kinder unmittelbar nach einer solchen Geschichte NICHT schlafen sollen, ist es wichtig, dass die Übung durch das sogenannte Zurücknehmen beendet wird, denn der Körper muss erst wieder »aufgeweckt« werden, um im Anschluss wach und fit zu sein. Dazu atmen die Kinder tief ein und aus, ballen ihre Hände mehrmals zu festen Fäusten, recken und strecken sich, bis sie wieder ganz »wach« sind.

ACHTUNG – unmittelbar VOR dem Schlafen führt man dieses sogenannte Zurücknehmen NICHT durch, denn hier sollen die Kinder ja in Ruhe einschlafen können und weiter im entspannten Zustand verweilen.

Im Land der Farben

Nun lege dich ganz bequem hin und mach es dir gemütlich …
Dann schließe deine Augen und spüre eine Weile, wie ruhig du
daliegst … Horch einen Moment lang in dich hinein, ob du dich
auch wirklich wohlfühlst und dich nichts mehr stört … Dann
höre der Geschichte zu, die ich dir heute mitgebracht habe …

Stell dir vor, es ist ein ganz sonniger Tag. Der Himmel über
dir ist strahlend blau und die Sonne scheint groß und rund auf
dich herab. Wie ein goldener Ball, der funkelt und glitzert.

Fröhlich und ausgelassen läufst du einen freundlichen Weg
entlang und entdeckst vor dir einen kleinen Regenbogen. Kunterbunt leuchtet er im Licht der Sonne und ist genauso groß,
dass du unter ihm hindurchpasst …

Als du unter dem Regenbogen durchschreitest, rieseln bunte Sternchen auf dich nieder. Du kannst dabei ein zartes Klingen hören, das dich verzaubert …

»Willkommen im Land der Farben«, begrüßt dich ein kleiner Vogel singend. »Hier ist es zwar schon bunt, aber du kannst es durch deine Träume und Wünsche noch bunter machen – viel Vergnügen dabei!«

Da fliegt der Vogel auch schon fröhlich davon. Fasziniert schaust du dich um und erfreust dich an den vielen Farben ...

So läufst du über eine grüne Wiese und bemerkst, dass du im Gras kunterbunte Fußspuren hinterlässt! Wie lustig das aussieht!

Du suchst dir einen schönen Platz und machst es dir in aller Ruhe gemütlich ...

Eigentlich könnte ich jetzt eine kuschelige Decke und ein Kissen gebrauchen, denkst du. Und kaum hast du den Gedanken zu Ende gedacht, liegt unter dir eine Decke aus bunten Flicken und ein herrlich weiches Kissen, in das du dich richtig hineinkuscheln kannst.

So liegst du da und schaust in den blauen Himmel. Einfach nur blauer Himmel ist auf die Dauer aber viel zu langweilig, denkst du und träumst dir weiße Schäfchenwolken dazu ... Ein paar Schmetterlinge, die ausgelassen umhertanzen und elegant ihre bunten Flügel bewegen ... Du stellst dir vor, dass viele leuchtende Luftballons zum blauen Himmel hinaufsteigen ... Traumhaft schön ...

Wie einfach das ist, im Land der Farben. Alles wird so schön bunt, ein bisschen Fantasie reicht dazu aus ...

Und so liegst du da und träumst von vielen anderen Sachen, die das wunderbare Land der Farben noch aufregender und bunter werden lassen ...

Dann spürst du, wie du ganz ruhig und entspannt daliegst ... Ganz schwer und entspannt liegst du auf der bunten Decke ... Du spürst in dir eine angenehme Schwere ... Schwer, ganz schwer liegst du da ... Die Sonne, die so schön scheint, schickt ein paar besonders warme Strahlen zu dir hinunter und deckt dich damit liebevoll zu ... Wunderbar warm fühlen sich die vielen Sonnenstrahlen auf deiner Haut an ... Du fühlst dich rundherum warm und ganz geborgen ...

Ein sanfter Windhauch lässt die bunten Luftballons am Himmel ganz leicht tanzen ... Sie schaukeln hin und her, ganz ruhig und gleichmäßig ... Ebenso ruhig und regelmäßig geht dein Atem ... Lass es einfach in dir atmen ...

Und so begleiten dich die vielen Farben heute in den Schlaf und füllen deinen Traum ... Gute Nacht!

Mit dem Eichhörnchen unterwegs

Schließe nun deine Augen und spüre einen Moment in dich hinein, ob du dich wirklich rundherum wohlfühlst und dich nichts mehr stört ...

Dann stell dir vor, es ist ein schöner Tag. Der Himmel ist leuchtend blau und weit und breit ist keine Wolke zu sehen ...

Gut gelaunt schlenderst du eine Wiese entlang, auf der viele bunte Herbstblumen wachsen. Hm, wie die duften! Der zarte Duft der Blumen lässt dich ganz tief entspannen ...

Am Rande der Wiese plätschert ein kleines Bächlein munter vor sich hin. Das Wasser ist ganz rein und klar. Du staunst über die runden Kieselsteine, die im Wasser liegen und verschiedene Muster haben. Wie schön sie aussehen, vor allem, wenn das Sonnenlicht ins Wasser fällt ...

In einiger Entfernung entdeckst du ein kleines Eichhörnchen. Sein braunes Fell glänzt golden im Licht der warmen Herbstsonne. Der Schwanz des kleinen Tieres ist ganz buschig. Vergnügt springt es am Bach entlang und freut sich über den Sonnenschein.

»Hallo!«, ruft dir das Eichhörnchen fröhlich zu. »Komm, spiel mit, zusammen macht's mehr Spaß!«

Das lässt du dir nicht zweimal sagen, und lachend springst auch du durch das Gras ... Der milde Herbstwind zerzaust dir die Haare.

Hopp, ist das Eichhörnchen über den kleinen Bach gehüpft. Und hopp, hüpfst auch du hinterher. Das macht vielleicht Spaß ...

»Schau mal dort drüben!«, ruft das Eichhörnchen nach einer Weile. »Dort wächst ein Haselnussstrauch.« Gemeinsam geht ihr zu dem Strauch und sammelt einige der reifen Haselnüsse auf, die am Boden liegen. Ganz geschickt knabbert das Eichhörnchen an der harten Schale und öffnet die Nüsse. »Hier, probier mal, schmeckt gut!«, sagt das Eichhörnchen und reicht dir eine frisch geknackte Haselnuss. Hm, wie gut die schmeckt. Richtig frisch! Genau richtig, um sich zu stärken ...

Vom vielen Spielen, Hüpfen und Toben mit dem Eichhörnchen bist du müde geworden. Wie gut, dass gleich in der Nähe ein großer Baum steht.

Du machst es dir dort ganz gemütlich. Der starke Stamm und die mit weichem Moos bewachsenen Wurzeln sind wie ein

kuscheliges Bett, das auf dich wartet. Auch das Eichhörnchen kuschelt sich zu dir ...

Ganz ruhig und entspannt liegst du da ... Du spürst in dir eine angenehme Schwere ... Besonders gut kannst du die Schwere in deinen Armen und Beinen spüren ... Ganz deutlich nimmst du die Schwere in deinen Armen und Beinen wahr ... Beide Arme und Beine sind schwer, ganz schwer ...

Und dann spürst du die warmen Sonnenstrahlen auf deiner Haut ... Wie gut das tut ... Die warmen Sonnenstrahlen massieren deine Arme und Beine ... Beide Arme und Beine sind warm ... Ganz warm fühlen sich deine Arme und Beine nun an ... Und die wohltuende, angenehme Wärme strömt durch deinen ganzen Körper hindurch ... Denn das kleine Eichhörnchen hat sich so dicht an dich gekuschelt, dass sein Fell dich wärmt und der buschige, weiche Schwanz wie eine warme Decke auf deinem Bauch liegt ...

Du fühlst dich rundherum warm und geborgen ...

Und während du ganz ruhig und entspannt daliegst, schaust du nach oben in die Baumkrone ... Ganz sanft und gleichmäßig wird die Baumkrone vom Wind hin und her bewegt. Vollkommen ruhig und regelmäßig ... Ebenso ruhig und regelmäßig fließt dein Atem in dir ... Dein Atem fließt ein und aus ... Ein und aus ... Ganz ruhig und gleichmäßig ...

Das lässt dich ganz tief entspannen, sodass du schließlich einschläfst und zu träumen beginnst ...

Es regnet ...

Stell dir einmal vor, du liegst in deinem Kinderzimmer auf dem Bett. Es ist Nachmittag und draußen regnet es in Strömen ... Bei so einem Wetter macht sich Langeweile breit und du weißt nicht, was du spielen sollst. Der Spielplatz hinter dem Haus ist voller Pfützen und der Regen scheint kein Ende zu nehmen. So liegst du da und langweilst dich ...

Doch was ist das? Zwischen all den grauen Regenwolken, die den sonst so blauen Himmel verdecken, bemerkst du einen bunten Fleck. Als du genauer hinsiehst, erkennst du, dass dies kein Fleck, sondern ein Regenbogen ist. Wie schön seine Farben zwischen den grauen Wolken leuchten:

Das Rot ist so leuchtend wie eine knackige Kirsche ...

Das Orange wie eine süße Apfelsine ...

Das Gelb wie eine große goldene Sonne mit ihren hellen Strahlen ...

Das Grün wie saftig grünes Gras im Hochsommer ...

Das Blau leuchtet so herrlich wie das tiefe, blaue Meer ...

Und das Violett strahlt so schön wie eine reife Pflaume ...

Der bunte Regenbogen scheint zu wachsen ... Bis er schließlich mit einem seiner Enden mitten in deinem Kinderzimmer landet, direkt vor deinen Füßen! Du überlegst nicht lang und springst aus dem Bett. Die Langeweile ist wie weggeblasen. Fröhlich kletterst du auf den Regenbogen und spazierst ihn hinauf ...

Immer höher geht es, zwischen all den grauen Regenwolken hindurch, die du schließlich hinter dir lässt ...

Über dir ist der Himmel nun strahlend blau – einfach toll! Und das Beste ist, dass der Regenbogen auf einer kuschelig weißen Schäfchenwolke endet. Ein richtiges Wolkenbett – extra für dich!

Du machst es dir auf der Wolke so richtig gemütlich ...

Du liegst nun da und schwebst auf deiner Schäfchenwolke durch den blauen Himmel hindurch und lässt dir die Sonne auf den Bauch scheinen. Das ist einfach toll!

Vollkommen ruhig und entspannt bist du nun ... Deine Arme und Beine fühlen sich schwer an ... Schließlich war die Wanderung auf dem Regenbogen anstrengend, weil es immer bergauf ging ... Ganz schwer und entspannt liegen deine Arme und Beine nun auf der weißen Schäfchenwolke ... Ja, dein ganzer Körper ist schwer und völlig entspannt ...

Die weiße Wolke schwebt nun mit dir direkt an der Sonne vorbei ... Ach, das tut vielleicht gut! Die vielen Sonnenstrahlen decken dich zu und schenken dir angenehme Wärme ... Du spürst, wie die wohltuende Wärme in deine Arme und Beine strömt ... Ganz warm fühlt sich die Sonne in deinen Armen und Beinen an ... Die Sonne wärmt deinen ganzen Körper und du fühlst dich dabei herrlich wohl und ganz geborgen ...

Ein sanfter Windhauch streichelt deine Schäfchenwolke und schaukelt sie ganz vorsichtig hin und her ... So gleichmäßig, wie die Wolke dich am blauen Himmel wiegt, so ruhig fließt auch dein Atem nun ... Du spürst, wie dein Atem ganz ruhig ein- und wieder ausfließt ... Dein Atem geht ein und aus ... Ein und aus, vollkommen ruhig und in gleichmäßigem Tempo ...

Das sanfte Wiegen des Windes macht dich ganz schläfrig. So fallen dir schließlich die Augen zu, und du träumst in dieser Nacht von dem kunterbunten Regenbogen und deiner Wolkenreise ...

Gute Nacht und bunte Träume!

Das kleine Känguru

Liegst du ganz bequem? Fühlst du dich rundum wohl und geborgen, sodass dich nichts mehr stört? Dann höre der Geschichte zu, die ich dir heute mitgebracht habe …

Stell dir mal vor, du bist weit gereist. Ans andere Ende der Welt, bis nach Australien …

Hier ist es einfach wunderschön und das Tollste daran ist, dass es immer herrlich warm ist!

Fröhlich machst du dich auf den Weg und unternimmst einen kleinen Spaziergang. Es macht großen Spaß, die Gegend zu erkunden, denn hier sieht es ganz anders aus als zu Hause. Es gibt immer wieder neue Dinge zu entdecken …

Ein Stück vor dir, hinter einem Busch, kommt ein kleines Känguru angesprungen. Es winkt dir freundlich zu und freut sich, dich zu sehen!

Zusammen mit dem Känguru spielst du Um-die-Wette-Hüpfen. Das macht vielleicht Spaß. Mal springt ihr so weit, wie ihr könnt …

Dann versucht ihr, möglichst hoch zu springen, aber das ist ganz schön schwierig!

So hüpft ihr eine ganze Weile vergnügt umher …

An einem kleinen See macht ihr eine Pause, um euch auszuruhen. Das kleine Känguru trinkt, und du nimmst ein Bad.

Das Wasser ist herrlich warm und lässt dich tief entspannen. So planscht du eine Zeit lang im Wasser herum, spritzt und paddelst …

Dann bist auch du richtig müde vom vielen Spielen und Toben …

Das Känguru setzt dich in seinen Beutel – klasse! Das ist genau das Richtige, um zur Ruhe zu kommen …

Du machst es dir in aller Ruhe bequem und kuschelst dich ein …

Ganz ruhig und entspannt bist du nun … Du fühlst dich rundum wohl. Dabei nimmst du die Schwere in dir wahr … Vom vielen Wetthüpfen und Im-Wasser-Spielen sind deine Arme und Beine nun schwer … Ganz schwer fühlen sich deine Arme und Beine an … Ganz deutlich kannst du die wohltuende Schwere in deinen Armen und Beinen nun spüren … Ja, dein ganzer Körper ist jetzt vollkommen schwer und entspannt …

Im Beutel des Kängurus ist es warm … Besonders gut spürst du die Wärme in deinen Armen und Beinen … Fühle mal, wie die Wärme durch deine Arme und Beine hindurchströmt … Beide Arme und Beine sind warm, ganz warm … Die angenehme Wärme strömt schließlich durch deinen ganzen Körper, sodass du dich ganz geborgen fühlst …

Das Känguru wiegt dich in seinem Beutel sanft in den Schlaf … Ganz ruhig und regelmäßig wiegt es dich hin und

her ... Genauso ruhig und regelmäßig fließt auch dein Atem nun in dir ... Ein und aus, ein und aus, völlig ruhig und ganz gleichmäßig ... Lass den Atem in dir einfach fließen, ruhig und ganz regelmäßig ...

Ganz ruhig und vollkommen entspannt schläfst du schließlich ein ...

In der Himmelswerkstatt

Hast du dich richtig eingekuschelt? Liegst warm und ganz bequem im Bett?

Dann schließe nun deine Augen und begleite mich auf diese Reise der Träume ...

Stell dir vor, es ist Abend. Draußen ist es längst dunkel geworden und die goldenen Sterne funkeln und leuchten am Himmel.

Du liegst in deinem Bett und kannst nicht einschlafen. So viele Gedanken schwirren durch deinen Kopf, und du findest heute einfach keine Ruhe ...

Da zupft dich plötzlich eine kleine Sternenfee am Ärmel. »Kannst du nicht schlafen, kleines Menschenkind?«, fragt sie dich mit glockenheller, singender Stimme. Du schüttelst mit dem Kopf. »Dann komm und begleite mich heute Nacht!«, lädt dich die freundliche Sternenfee ein. Ihr blaues Kleid, dessen Stoff ganz leicht fällt und aussieht, als wäre er aus Wolkengarn gewebt, glitzert hell im Licht der Sterne ...

Die freundliche Sternenfee nimmt dich an ihre Hand und gemeinsam schwebt ihr schwerelos in Richtung Abendhimmel ...

Du fühlst dich mit einem Mal so leicht und unbeschwert. Alle Gedanken, die dir gerade im Kopf umhergegangen sind, sind wie weggeblasen ...

Du genießt die Stille der Nacht. Alles liegt so friedlich und ruhig da. Kein Stress, keine Hektik, nur der Zauber des Abendhimmels.

So fliegt ihr eine Weile zwischen den goldenen Sternen, die am Himmel leuchten, bis ihr an ein silbernes Tor kommt, das aus Mondstein gebaut wurde. Die Sternenfee öffnet die Tür und du traust deinen Augen kaum! Du stehst mitten in einer Himmelswerkstatt, wo es ganz fleißig zugeht. Viele Wichtel sind damit beschäftigt, Betten zu bauen. Überall an den Wänden hängen Entwürfe und Baupläne für ganz unterschiedliche Schlafplätze.

Es sind die tollsten Betten, die du je gesehen hast: Es gibt eine Wiege aus hellem Holz … Ein Bett, das ausschaut wie ein buntes Rennauto, mit Rädern an den Seiten, nur dass man nicht darin sitzen, sondern schlafen kann! Ein königliches Bett, wie für eine kleine Prinzessin, alles in zartem Rosa mit Schleifen und feinem Tüll … In einer Ecke bauen die Wichtel gerade ein tolles Etagenbett. An der Seite führt eine kleine Treppe zu der oberen Etage, und damit man nicht hinausfällt, ist am oberen Bett eine große Wolke angebracht, auf der Sterne und der Mond zu sehen sind …

Du kommst aus dem Staunen nicht mehr heraus.

Die Sternenfee nimmt dich wieder an die Hand und führt dich aus der Werkstatt hinaus ins Freie. So geht ihr über eine kleine Brücke zum Sternensee. Das Wasser des Sees liegt fried-

lich da. Die Sternenfee klingelt mit einem Glöckchen und ruft den Fährmann herbei ...

Und ehe du dich versiehst, kommt auf einem großen Seerosenblatt ein Himmelbett angeschwommen, das von dem freundlichen Fährmann sicher gelenkt wird. Es ist genau das Himmelbett, das du dir in deinen Träumen schon seit Langem gewünscht hast ...

Die Sternenfee begleitet dich zum Bett und streicht über dein Haar. »Schlaf gut, kleines Menschenkind, und süße Träume.«

Und schon liegst du ganz entspannt in deinem Himmelbett, das der Fährmann auf dem Sternensee steuert und durch das Traumland lenkt ...

Ganz ruhig und entspannt bist du nun ... Deine Arme und Beine sind schwer ... Ganz schwer fühlen sich deine Arme und Beine an ... Die abendliche Luft ist wohlig warm und deckt dich zu ... Ganz warm und geborgen fühlst du dich dabei ... Du spürst, wie eine wohltuende Wärme durch deine Arme und Beine strömt ... Beide Arme und Beine sind warm ... Strömend warm ... Du genießt die Wärme in deinen Armen und Beinen ... Die Wärme fließt durch deinen ganzen Körper und lässt dich noch tiefer entspannen ...

Ganz ruhig und vollkommen entspannt schläfst du nun ein ...

Im Mondzirkus

Lege dich nun in dein Bett und decke dich gut zu. Wenn du ganz bequem liegst, höre noch mal in dich hinein, ob auch wirklich alles bequem ist und dich nichts mehr stört ...

Dann stell dir vor, es ist Abend. Draußen auf den Straßen ist es ganz ruhig geworden. Sie sind menschenleer und die Laternen verbreiten ein sanftes Licht.

Plötzlich entdeckst du genau vor deinen Füßen einen silbernen Mondstrahl. Als du genauer hinsiehst, erkennst du, dass der Mondstrahl aus Abertausend kleinen Sternchen besteht, die dir im Dunkeln den Weg leuchten. Bei jedem Schritt auf dem Mondstrahl spürst du die angenehme Wärme unter deinen Füßen. Das tut gut und lässt dich mit jedem Schritt mehr und mehr entspannen ...

So wanderst du den silbernen Mondstrahl immer weiter nach oben. Die Stadt lässt du hinter dir. Dabei genießt du die Ruhe und Stille, die die Nacht mit sich bringt...

Schließlich erblickst du in einiger Entfernung ein großes Zirkuszelt. An diesem Zelt blinken keine Lichter, sondern unzählige Sterne in allen Größen. Du vernimmst eine zarte Melodie, das Lied der Nacht ...

Neugierig spazierst du auf dem Mondstrahl zu dem Zirkuszelt hinüber. Du suchst dir einen schönen Platz, von dem aus du gut sehen und die Vorstellung verfolgen kannst.

Kaum hast du Platz genommen, beginnt die Vorstellung. Der Vorhang schwingt zur Seite und der gute, alte Mond begrüßt das Publikum. Er verneigt sich und dann schwebt er schwerelos nach oben, bis hin zum Trapez. Elegant tanzt der Mond auf dem dünnen Seil umher …

Schließlich ertönt himmlische Musik. Ganz zart und fein. Dazu kommen lauter Sternenkinder in die Manege und führen einen Tanz vor. Sie drehen sich fast lautlos im Kreis und ihr goldenes Haar wippt sacht bei jedem Schritt …

Die Mondfee ist als nächstes an der Reihe. Sie kann wunderbar zaubern und lässt in ihrem Zauberhut kleine Sterne spurlos verschwinden und zaubert stattdessen ein schneeweißes Kaninchen hervor.

Zu guter Letzt wird es ganz leise … Der Vorhang schwingt wieder zur Seite und herein rollt auf leisen Sohlen der Sandmann, der auf einer prächtigen Kutsche sitzt. Vor den Wagen sind vier schneeweiße Einhörner gespannt, die sich lautlos und schwebend durch die Manege bewegen.

Der Sandmann hält mit seiner himmlischen Kutsche direkt vor dir und winkt dir freundlich zu. Sein weißes Haar leuchtet wie der Mond am abendlichen Himmel.

Der Sandmann deutet auf den hinteren Teil der Kutsche. Dort liegen viele Kissen und eine warme Decke für dich bereit.

Wunderbar, denkst du und gähnst. Du kuschelst dich in den Kissenberg und ziehst dir die warme Decke fast bis zur Nase ...

Der Sandmann schnalzt leise und seine vier Einhörner setzen sich wieder lautlos in Bewegung ...

Ganz ruhig und entspannt liegst du da und schaust in die sternenklare Nacht und das Himmelszelt, durch das die nächtliche Reise geht ... Da spürst du die Schwere in deinen Armen und Beinen ... Beide Arme und Beine sind schwer ... Ja, dein ganzer Körper liegt schwer und entspannt da ... Die Schwere in dir tut gut und lässt dich noch tiefer entspannen ...

Die Decke hält dich dabei ganz warm und geborgen ... Dabei merkst du, wie die wohltuende Wärme durch deine Arme und Beine hindurchfließt ... Ganz deutlich nimmst du die Wärme in deinen Armen und Beinen wahr ... Spüre die Wärme in deinen Armen und Beinen ... Die Wärme strömt durch deinen ganzen Körper hindurch... Alles in dir ist wohlig warm ...

Ganz ruhig und entspannt reist du mit dem Sandmann auf leisen Sohlen durch die Nacht ...

Beim Traumkönig

Wenn du jetzt in deinem Bett liegst, kuschel dich in dein Kissen und decke dich zu. Liegst du ganz bequem und fühlst dich wohl? Dann begleite mich auf eine wunderbare Traumreise ...

Stell dir vor, du machst einen Spaziergang durch die Nacht. Ganz ruhig und still liegt alles da. Das Blau des Abendhimmels sieht aus wie ein tiefes Meer. Viele kleine und größere Sterne leuchten am Himmelszelt und leisten dem guten, alten Mond Gesellschaft.

Der Mond trägt eine geringelte Zipfelmütze und hat es sich heute auf einer Abendwolke gemütlich gemacht. Auch er scheint müde zu sein. Kein Wunder, wenn man Nacht für Nacht über alles wacht ...

So spazierst du weiter und kommst schließlich an einen kleinen See. Ein Ruderboot liegt am Ufer und damit paddelst du über das flache Wasser durch die vielen Seerosen, die hier wachsen.

Vor dir liegt eine kleine Insel. Und mitten auf dieser Insel steht ein kleines Schloss. Prächtig sieht es aus, und die kleinen Türmchen glitzern im hellen Mondlicht und sehen aus wie funkelnde Edelsteine ...

Du legst mit dem Boot am Ufer an und steigst aus.

Auf der Treppe steht ein freundlicher alter Mann mit weißem Haar, einem langen Bart und prächtigem Gewand. Auf dem Kopf trägt er eine goldene Krone.

»Guten Abend!«, begrüßt er dich freundlich. »Ich bin der Traumkönig. Willkommen im Reich der Träume!«

Wie verzaubert steigst du die Treppe, die zum Schloss führt, hinauf.

Der Traumkönig bittet dich hinein …

In der Eingangshalle gibt es zahlreiche Kronleuchter, deren Kerzen helles Licht verbreiten. Auf den Kerzen sitzen keine Flammen, sondern kleine funkelnde Sternchen, die ihren Glanz verbreiten …

Der Traumkönig führt dich in einen großen Saal. Mitten darin steht ein Springbrunnen. Als du daran vorbeigehst, bemerkst du, dass kein Wasser im Brunnen fließt, sondern silbernes Mondlicht. Wie schön das aussieht! Du bist wie verzaubert …

Am Ende des Saals steht eine große Truhe. Sie sieht aus wie eine richtige Schatztruhe …

Der Traumkönig sagt: »In dieser Schatztruhe bewahre ich die Träume auf. Es sind die schönsten Kinderträume, die man sich vorstellen kann. Du hast großes Glück, denn du darfst dir heute einen Traum aus der Schatzkiste aussuchen, der nur für dich allein bestimmt ist. Genieße ihn. Ich wünsche dir damit viel Freude!«

Der Deckel der Schatztruhe hebt sich lautlos. Du stehst staunend davor und weißt sogleich, für welchen der tollen Träume du dich entscheidest.

Und sogleich merkst du, wie der Traum dich einhüllt und dich ganz schwerelos ins Land der Träume mitnimmt. Schlaf gut und eine gute Nacht!

Vollkommen ruhig und entspannt liegst du da ... Deine Arme und Beine sind schwer ... Ganz schwer sind deine Arme und Beine ... Du kannst die Schwere in deinem ganzen Körper spüren ... Vollkommen schwer und entspannt bist du nun ...

Der Traum macht es dir ganz warm ums Herz ... Die Wärme strömt durch dich hindurch ... Deutlich nimmst du die wohlige Wärme in deinen Armen und Beinen wahr ... Ganz warm sind deine Arme und Beine nun ... Spüre die strömende Wärme in deinen Armen und Beinen ... Ja, dein ganzer Körper ist strömend warm ... Du fühlst dich rundherum glücklich und geborgen ... Ganz ruhig und vollkommen entspannt bist du nun ...

In der Mondallee

Schließe nun deine Augen und kuschle dich gemütlich in dein Bett hinein …

Stell dir nun vor, du machst eine Reise durch die Nacht.

Eine ganz besondere Reise, denn sie geht über die Mondallee …

Ruhig und still ist es auf der Mondallee. Zwischen den Bäumen, die rechts und links des Weges wachsen, leuchtet nicht nur der Mond, sondern glitzern auch die vielen Sterne hindurch …

Gemütlich schlenderst du durch die Nacht, mitten über die Mondallee. Bei jedem deiner Schritte hörst du unter deinen Füßen das Geräusch von Kies. Es sind lauter Mondkiesel, die im Dunkel der Nacht wundervoll glänzen. Es ist, als würden sie das Licht des Mondes speichern und in die Nacht abgeben.

Ein Stück vor dir entdeckst du den freundlichen, alten Nachtwächter. Nacht für Nacht zieht er durch die Straßen und schaut nach dem Rechten.

In seiner Hand trägt er eine Laterne. Doch darin ist keine Kerze, sondern es schwirren viele kleine Glühwürmchen umher, die dem Nachtwächter Gesellschaft leisten und ihm einen hellen Lichtschein spenden. Wie munter die kleinen Glühwürmchen umhersausen! Ganz leise summen sie dabei ein Abendlied. Das Lied klingt zart und fein in deinen Ohren …

Du wünscht dem Nachtwächter noch eine gute Nacht und schlenderst die Mondallee weiter entlang.

Zwischen den Bäumen hat der Nachtwächter auf diesem Stück des Weges schon alle Laternen angezündet. Unter einer davon steht eine Bank. Darauf hat es sich eine kleine Katze gemütlich gemacht. Sie scheint müde zu sein. Sie hat sich auf der Bank zusammengerollt und schnurrt leise im Schlaf ...

Am Ende der Mondallee entdeckst du einen großen Baum. Dieser Baum hat eine prächtige Baumkrone. Seine Blätter sind nicht grün wie die der anderen Bäume. Sie sind so silbern wie das Licht des Mondes. Deshalb sehen die vielen Blätter auch aus wie lauter kleine Sterne.

Wenn der Abendwind leise durch die Baumkrone säuselt, dann klingen die sternförmigen Blätter ganz sacht und leise. Wie schön sich das anhört ... Die Melodie lässt dich ganz tief entspannen ...

So machst du es dir unter dem Baum gemütlich und liegst ganz ruhig und entspannt da ...

Deine Arme und Beine sind schwer ... Ganz deutlich spürst du die Schwere in deinen Armen und Beinen ... Ganz schwer sind deine Arme und Beine nun ... Ja, dein ganzer Körper liegt schwer, ganz schwer und entspannt da ...

Das Mondlicht streichelt dich ganz sanft ... Und du genießt die wohlige Wärme, die vom Mondenschein ausgeht ... Besonders warm sind deine Arme und Beine ... Beide Arme und Beine sind warm ... Ganz warm sind deine Arme und Beine nun ... Die

wohltuende Wärme strömt durch deinen ganzen Körper hindurch … Ganz warm und geborgen fühlst du dich dabei …

Und während du ganz ruhig und entspannt daliegst, rieselt ein wunderschönes Traumblatt von oben hinunter und schenkt dir einen erholsamen Schlaf …

Gute Nacht und bis morgen Früh!

Abends, wenn ich schlafen geh – Tipps zum Einschlafen

In diesem Kapitel finden Sie allerhand Spielideen und Tipps, die beim Einschlafen helfen. Auch diese sind kein Allheilmittel oder gar Patentrezepte. Probieren Sie einfach die Vorschläge aus, die Ihnen gefallen.

Die Spiele sind als Anregung zu verstehen und eignen sich für die Zeit direkt vor dem Schlafengehen. Sie sollen für die Kinder Rituale sein, die ihnen einen festen Ablauf am Abend ermöglichen. Das schenkt ihnen Sicherheit.

Während Sie das Kind ins Bett bringen, sollten Sie sich ihm auch voll und ganz widmen, ganz nach dem Motto: Keiner zu Hause! Besonders bei jüngeren Kindern ist dies sehr wichtig. Lassen Sie das Telefon klingeln, der Anrufbeantworter kann den Anruf ja vertrauensvoll entgegennehmen. Je mehr Aufmerksamkeit Sie dem Kind schenken, desto weniger »Theater« wird es beim Zubettgehen machen.

Kinder, das wird ein Fest

Viele Kinder, gerade die jüngeren, schlafen nicht gerne allein. Wie wäre es zur Abwechslung einmal mit einem richtigen Bettenlager? Das Wochenende eignet sich dafür prima, denn da können ja alle ausschlafen.

Alle Matratzen, Decken und Kissen werden in ein Zimmer geschoben, und die Schlafparty kann beginnen. Dazu kann jeder sein Lieblingsbilderbuch oder die heiß geliebte Gutenachtgeschichte mitbringen, denn tolle Erzählungen zum Einschlafen und Kuscheln dürfen hierbei natürlich nicht fehlen!

Ganz entspannt ins Träumeland

Wenn Kinder nicht schlafen wollen, kann das die unterschied-
lichsten Gründe haben. Wie wäre es denn dann zum Beispiel
mit einem richtigen »Duftstern«? Dazu schneiden Sie aus gelbem Stoff einen großen Stern, der zugleich als Kuscheltuch be-
nutzt werden kann, und träufeln einen Tropfen (weniger ist
hier mehr, ein Tropfen reicht bei Kindern vollkommen aus!) eines ätherischen Öls darauf, das entspannend wirkt und der fei-
nen Nase Ihres Kindes gefällt. Beispielsweise Honig-, Vanille-,
Kakao- oder Lavendelöl.

Ein Wunsch an den Sandmann

Wenn ein Kind nicht einschlafen kann, kreisen die Gedanken oftmals unermüdlich und ein Teufelskreis beginnt. Nicht nur die Kinder, auch die »Großen« sind irgendwann vollkommen entnervt.

Vielleicht bietet folgende Möglichkeit Abhilfe: Immer wieder haben Kinder »Traumfänger« über ihren Betten hängen, um böse Träume abzuhalten. Warum nicht auch mal einen Wunsch an den Sandmann richten? Basteln Sie dazu aus einer leeren Streichholzschachtel eine kleine Schatztruhe oder kleben Sie kleine Sterne darauf. Jeden Abend vor dem Schlafengehen darf sich das Kind etwas vom Sandmann wünschen. Etwas, was ihm auf der Seele liegt oder was es meint, für die Nacht brauchen zu können, damit es gut schlafen kann. Diesen Wunsch schreibt man auf einen kleinen Zettel, legt diesen gefaltet in die Schatzkiste und dann geht's ab ins Bett. Wer weiß, vielleicht erhört der Sandmann ja den Wunsch. Getreu nach dem Motto – allein der Glaube versetzt Berge!

Eine Reise durch die Nacht

Erwachsene machen sich oft Listen und schreiben auf, was alles noch erledigt werden muss, was sie einkaufen müssen usw.

Wie wäre es auch mal mit einer Liste für den Abend? Darauf könnte das Kind mithilfe eines Erwachsenen alles notieren, was vor dem Schlafengehen wichtig ist. Es kann dann am Abend abhaken und kontrollieren, was noch zu tun ist, bevor es ins Bett krabbeln und schlafen kann.

Eine andere Möglichkeit wäre, dass Sie sich am Bett vor dem Einschlafen zusammensetzen und gemeinsam überlegen, was am morgigen Tag alles ansteht. Was gibt es zu tun, welche Termine stehen an usw.

Das könnte man aufschreiben oder gemeinsam mit dem Kind durchsprechen. In jedem Fall hilft das, den Kopf freizubekommen und die Gedanken zu ordnen. Solange sie aber dem Kind wie Schmetterlinge im Kopf umherschwirren, wird es keinen Schlaf finden. Das geht uns Erwachsenen auch nicht anders.

Hell, ganz hell

Gerade die Dunkelheit der Nacht macht vielen Kindern zu schaffen. Da hört man schnell den Wind unheimlich pfeifen, im Schatten sieht man Gespenster … Aber bei Licht kann man in der Regel schlecht schlafen. Was tun?

Schaffen Sie eine kleine Abhilfe, die sicher bei einigen hilft: Das Kind bekommt eine kleine Taschenlampe mit funktionstüchtigen Batterien, und die kommt unter das Kopfkissen. Immer dann, wenn das Kind Angst bekommt, kann es mit der kleinen Lampe leuchten und alles unter die Lupe nehmen. Beim ersten Mal werden die Batterien sicherlich allerhand zu tun bekommen, aber wenn das Kind erst einmal merkt, dass im Zimmer keine Gespenster oder andere Plagegeister spuken und ihr Unwesen treiben, wird die Taschenlampe von Abend zu Abend weniger zum Einsatz kommen.

Weißt du, wie viel Sternlein stehen ...

Ermöglichen Sie Ihrem Kind einen sanften Einstieg in die Nacht und versuchen Sie ein ängstliches Kind allmählich an die Dunkelheit zu gewöhnen, beispielsweise dadurch, dass Sie das Licht im Kinderzimmer ausknipsen und eine Weile gemeinsam im dunkeln Zimmer verweilen. Zeigen Sie dem Kind die »Reize«, die die Nacht bietet. Stellen Sie sich zum Beispiel ans Fenster und betrachten den Sternenhimmel. Man kann einfach einige Minuten aus dem Fenster schauen und beobachten, was sich auf der Straße noch tut, und vergleichen, was am Tag anders ist. Geübte dürfen gerne mit dem Kind auch Sternbilder betrachten und am Abendhimmel suchen.

Zählen Sie mit dem Kind, wie viel Sterne die Nacht hat – vielleicht macht das Zählen ja auch müde ...

Eine Stunde Abendglück

Eine Stunde Abendglück – wer wünscht sich das nicht? Und diese »Stunde« ist wie ein abendliches Ritual oder eine Regel, die den Kindern Sicherheit gibt und zudem im Familien- beziehungsweise Zusammenleben klare Grenzen aufzeigt, die wichtig sind.

Nehmen Sie eine Kerze und lassen Sie diese vom Kind mithilfe von buntem Bienenwachs (dieses kann man als ganz dünne Platten in Bastelgeschäften und im Spielwarenhandel kaufen) gestalten. Mit einer dunklen Farbe können Sie die Kerze nun durch viele Striche seitlich markieren.

Jeden Abend, wenn das Kind im Bett liegt, wird die Kerze zusammen angezündet. Bis die Kerze zur nächsten Strichmarkierung abgebrannt ist, gehört die Zeit dem Kind. In dieser kann es sich wünschen, was es vor dem Einschlafen tun möchte: Ein Gutenachtlied singen, massieren, eine Geschichte erzählen, ein Bilderbuch angucken etc.

Sobald die Kerze dann bis zum nächsten Strich abgebrannt ist, wird geschlafen. Denn jedes »Abendglück« hat auch mal ein Ende!

Ganz entspannt im Sternenmeer

Schon Babys entspannen wunderbar, wenn sie gebadet werden. Daher eignet sich ein entspannendes Bad wirklich gut vor dem Schlafengehen. Und damit dieses auch beruhigend wirkt und nicht in eine laute Planschparty ausartet, kann man es entsprechend gestalten:

Anstelle des großen Lichts wird nur eine Lichterkette eingestöpselt, die ein gedämpftes Licht verbreitet. Wie wäre es mit ruhiger, meditativer Musik im Hintergrund, die zusätzlich entspannend wirkt?

Man kann anstelle eines normalen Badezusatzes auch entspannende ätherische Öle ins Badewasser geben.

Machen Sie es sich am Badewannenrand gemütlich und erzählen Sie dem Kind, während es badet, eine Fantasiereise oder erfinden Sie gemeinsam eine schöne Gutenachtgeschichte, zum Beispiel über das Baden im Sternenmeer – das wäre toll! Wenn das Kind schon etwas größer ist und auch ruhig in der Badewanne sitzen bleibt, kann man auf ein Stück Styropor ein brennendes Teelicht stellen, das auf dem Wasser schwimmt. Einfach himmlisch – aber dies wirklich nur im Beisein eines Erwachsenen!

Ich hol dir einen Stern vom Himmel

Nutzen Sie doch am nächsten verregneten Nachmittag, wenn einem die »Decke auf den Kopf« fällt, die Zeit, und basteln Sie mit dem Kind einen Sternenkalender. Dazu schneiden Sie aus einem Stück Karton eine Wolke aus. Diese können Sie bemalen oder mit blauen Papierschnipseln bekleben.

Dann schneiden Sie aus dünnem, gelbem Tonpapier Sterne aus. Auf diese schreiben Sie (am besten mit Kugelschreiber oder Bleistift) verschiedene Wünsche des Kindes vor dem Schlafengehen: Lieblingslied singen, ein Fingerspiel gemeinsam durchführen, ein Märchen erzählt bekommen, aus dem dicken Gutenachtbuch vorlesen, eine Massage, den Sternenhimmel betrachten etc.

Die Zacken der Sterne werden allesamt nach innen geknickt. Mithilfe eines gerollten Stücks Tesafilm kann man diese gelben Sterne dann auf die vorbereitete Wolke kleben.

Jeden Abend, wenn das Kind im Bett liegt, darf es sich einen »Stern vom Himmel« holen. Diesen legt man in eine Schale mit warmem Wasser und wartet einen Moment lang, bis er aufgegangen ist. Das, was darin steht, wird nun gemeinsam gemacht. So hält der Himmel für jeden Abend eine andere kleine Überraschung für das Kind bereit!

Leise, ganz leise, auf der Abendreise

Vom hektischen Alltag zum ruhigen Einschlafen ist es oft ein steiniger Weg. Von jetzt auf gleich abzuschalten und ruhig zu werden fällt selbst Erwachsenen oftmals schwer. Eine gute Möglichkeit ist der Einsatz von meditativer Musik. Wenn das Kind im Bett liegt, könnten Sie sich einen Moment mit dazu legen. Vielleicht machen Sie das Licht schon aus, sodass sich das Kind an die Dunkelheit gewöhnt und zudem besser zur Ruhe kommt. Dann lauschen Sie eine Zeit lang den ruhigen Klängen. Viele Kinder finden dadurch leichter zur Ruhe und schlafen zu guter Letzt dabei sogar recht schnell ein. Testen Sie vorab für sich selbst, ob die Stücke wirklich ruhig und entspannend sind und in gemäßigtem Tempo!

Still, still, kein Geräusch gemacht

Still – ganz still! Die Stille zu ertragen ist oftmals gar nicht so leicht. Je aufgeweckter das Kind, desto schwieriger wird es. Daher eignen sich vor dem Schlafengehen Stilleübungen wie die folgende. Sie machen Spaß und führen zudem das Kind zur Ruhe.

Wenn das Kind im Bett liegt, wird das Licht im Zimmer ausgemacht. Setzen Sie sich auf die Bettkante oder legen Sie sich einen Moment lang mit dazu, um nochmals ausgiebig zu kuscheln.

Dann schließen Sie gemeinsam die Augen und probieren einmal aus, wer am längsten still sein kann, ohne zu sprechen …

Oder lauschen Sie den Klängen der Nacht, während die Augen geschlossen sind. So ruhig ist es nämlich gar nicht: Da hört man auf der Straße draußen noch ein Auto, nebenan den Fernseher, im Treppenhaus, wie eine Tür ins Schloss fällt …

Im Mondschein

Vor dem Schlafengehen tut es jedem gut, noch etwas frische Luft »zu schnappen«. Warum nicht mal nach dem Abendessen einen kleinen Abendspaziergang im Mondschein unternehmen? Ob mit Taschenlampe und Laterne oder auch nur so. Frische Luft und Bewegung tun gut, entspannen und man kann dabei den Sternenhimmel wunderbar beobachten.

Und wenn einmal keine Zeit für einen kleinen Spaziergang bleibt, dann lüften Sie einfach vor dem Zubettgehen das Zimmer gut durch. So schläft es sich besser als im überhitzten Zimmer oder bei verbrauchter Luft.

Schöne Träume!

Literatur

Ratgeber & Beschäftigungsbücher

Barth, Marcella: *Zärtliche Eltern. Wie Kinder Nähe erfahren und Freude am Körper erleben*, Herder Verlag, Freiburg 1995

Fischer Rizzi, Susanne: *Himmlische Düfte,* AT Verlag, München/ Aarau 2008

Rudolph, Annet: *Körnchen: Ohne dich schlaf ich nicht!* Ravensburger Verlag, Ravensburg 2006

Seyffert, Sabine et al.: *Viele kleine Streichelhände. Massagen für Kinder*, Menschenkinder Verlag, Münster 1997

Seyffert, Sabine et al.: *Heute Regen, morgen Sonne. Entspannungsgeschichten rund um die Gefühle*, Arena Verlag, Würzburg 2010

Seyffert, Sabine: *Meine Insel der Stille. Entspannungsgeschichten für Zappelkinder*, Arena Verlag, Würzburg 2001

Seyffert, Sabine: *Komm mit ins Regenbogenland. Phantasiereisen, Entspannungsrätsel und Gute-Nacht-Geschichten,* Kösel-Verlag, München, 4. Aufl. 2010

Seyffert, Sabine: *Jedes Kind kann sich entspannen. Der Ratgeber für Eltern von Grundschulkindern,* Humboldt Verlag, Hannover 2010

Bilderbücher

Dunbar, Joyce; Gliori, Debi: *Bärenkind hilft seinem Freund*, Annette Betz Verlag, Wien 2000

Egger, Sonja: *Guten Abend, gut' Nacht, lieber Sandmann! Meine liebsten Einschlaflieder*, Arena Verlag, Würzburg 2008

Fänger, Rolf: *Der Mondbär. Eine Gutenachtgeschichte*, Coppenrath Verlag, Münster 1997

Ruck-Pauquèt, Gina; Ott, Pepperl: *Sandmännchens Geschichtenbuch: 60 Gutenachtgeschichten*, Ravensburger Verlag, Ravensburg, NA 2010

Scharff-Kniemeyer, Marlis; Künzler-Behncke, Rosemarie: *Meine ersten Gutenacht-Geschichten*, Ravensburger Verlag, Ravensburg, 5. Aufl. 2010

Wadell, Martin: *Kannst du nicht schlafen, kleiner Bär*, Annette Betz Verlag, Wien 2006

Spiele

Haba: *Mucksmäuschenstill. Ein ganz »leises« Geschicklichkeitsspiel!* Für Kinder ab 5 Jahren

Haba: *Meine ersten Spiele »Gute Nacht«.* Für Kinder ab 2 Jahren

Haba: *Ab ins Bett, Nils!* Farb- und Memospiel für Kinder ab 3 Jahren

CDs

Enya: *A day without rain*, Warner International 2000
Enya: *And Winter came*, Warner International 2008
Hufeisen, Hans-Jürgen: *Flötenzauber*, Edel Hamburg 1994
Kreusch-Jacob, Dorothee: *Lieder aus der Stille. Klangbilder und Meditationen für Kinder*, Patmos Verlag, Mannheim 1995
Nena: *Nenas 1000 Sterne*, Sony Musik 2002

Seminare mit der Autorin

Sabine Seyffert, staatlich anerkannte Erzieherin, Entspannungspädagogin und Psychologische Beraterin, ist seit vielen Jahren freiberuflich in eigener Praxis tätig.

Sie bietet Kurse in Autogenem Training für Kinder, Jugendliche und Erwachsene sowie zahlreiche Fortbildungsveranstaltungen zum Thema Entspannung mit Kindern an. Ebenso finden regelmäßig Veranstaltungen zu ihren Buchpublikationen statt. Seit 1999 ist sie als Gastreferentin zusammen mit einer Kollegin in der Ausbildung zur Entspannungspädagogin für Kinder tätig.

Ausbildungsunterlagen können gegen eine Schutzgebühr von 1,45 € in Briefmarken angefordert werden. Wer Interesse an Kursen und Fortbildungen hat, wendet sich bitte an folgende Adresse:

Praxis für Entspannungspädagogik & Kreativität
z. Hd. Sabine Seyffert
Postfach 110523
42305 Wuppertal

Mehr von Sabine Seyffert bei Kösel

**KOMM MIT INS
REGENBOGENLAND**
978-3-466-30714-2

Mit diesem Buch können Kinder
zu einer wohltuenden Reise in das
Land der Fantasie aufbrechen.
Ebenfalls erhältlich: die gleich-
namige CD mit Entspannungs-
musik für Kinder!

**KLEINE MÄDCHEN,
STARKE MÄDCHEN**
978-3-466-30791-3

Dieses Buch enthält abwechs-
lungsreiche und leicht um-
setzbare Spielaktionen, die
Mädchen ab 4 Jahren in ihrem
Selbstbewusstsein stärken.

www.koesel.de Sachbücher & Ratgeber